幼儿园保教工作手册

《幼儿园保教工作手册》编委会 编

图书在版编目（CIP）数据

幼儿园保教工作手册 / 《幼儿园保教工作手册》编委会编 . — 宁波：宁波出版社，2018.6（2022.3重印）

ISBN 978-7-5526-3211-8

Ⅰ．①幼… Ⅱ．①幼… Ⅲ．①幼儿园—教育管理—手册 Ⅳ．① G617-62

中国版本图书馆 CIP 数据核字（2018）第 071956 号

幼儿园保教工作手册

《幼儿园保教工作手册》编委会编

责任编辑	陆红亚　王松见
责任校对	虞姬颖
封面设计	吉祥文化
出版发行	宁波出版社（宁波市甬江大道1号宁波书城8号楼6楼　315040）
网　　址	http://www.nbcbs.com
联系电话	0574-87287821
印　　刷	宁波白云印刷有限公司
开　　本	787mm×1092mm　1/16
印张字数	8.25 印张　156 千字
版次印次	2018 年 6 月第 1 版　2022 年 3 月第 3 次印刷
标准书号	ISBN 978-7-5526-3211-8
定　　价	22.00 元

版权所有　侵权必究

编委会名单

主　　任：张力鸣
编　　委：章才根　丁耀芳　蒋和法　曾洁女　缪凤雅　朱水敏
编写人员：林佩芬　邵爱红　朱柳萍　张葵葵　严珊珊　陈　凤
　　　　　钟宁一　童燕斌　蓝燕燕　张　红　陈旦映　杜旭红
　　　　　金虹青　杨亚君　李映凤　胡剑红　茅秀君　王丽君
　　　　　吴文艳　张宇红　张　博　张惠芳　朱月仙　周东峰
主　　编：缪凤雅
主　　审：曾洁女

前　言

　　随着学前教育改革的不断深化，人们对幼儿保教工作日益重视。特别是《幼儿园教育指导纲要（试行）》《3—6岁儿童学习与发展指南》等颁布以及《国务院关于当前发展学前教育的若干意见》和《教育部关于规范幼儿园保育教育工作，防止和纠正"小学化"现象的通知》等颁发以来，各地都非常重视提高幼儿园的保教质量，并就此进行了积极有效的探索。

　　保教工作是幼儿园工作的重心，在幼儿园的各项工作中处于中心地位。保教工作重点的确立、实施会对幼儿园其他工作的开展产生很强的导向作用。幼儿园如果缺乏高素质的保教人员，就不会有高质量的保教工作。所以说，保教人员素养水平将直接影响幼儿园的生存和发展。

　　在此形势下，幼儿园的保教工作急需规范、提升。有鉴于此，宁波市教育局教研室在2011年就组织了全市的幼教教研员，幼儿园特级教师、名师及部分学科骨干等共同进行《幼儿园保教工作手册》的编写工作。此手册已经过五年多的试用，在试用基础上又进行了修改和补充，凸显了幼儿室内外游戏以及生活活动的重要性，并增加了相关章节，为广大幼儿园教职工，尤其是青年教师、保育员提供了切实有效的指导和帮助，确保幼儿园保教工作能够规范有序地开展，从而提高幼儿园保教工作的质量，让幼儿更好地、健康快乐地成长。

　　本手册从幼儿园的班级管理、班级卫生与安全、环境创设、家长工作、生活活动、体育锻炼、户外自主游戏、室内游戏、区域活动、集体教学十大方面进行了系统的阐述以及深入浅出的操作说明。手册每一部分都有一个简洁明确的"导航"和具较强操作性的"操作要点"。手册内容丰富，覆盖面广，操作性强。在阅读本手册时，我们建议读者对每章的"导航"内容进行认真的研读，然后就具体的"操作要点"进行细致深入的阅读，有针对性地寻求解决问题的策略和方法，在实践中更好地理解、掌握与运用。

　　真诚希望读者在阅读之后，能学以致用，将学习心得与保教实践有机结合起来，只有这样才能使保教工作取得良好的效果。衷心希望广大读者在阅读之后能有所启发，有所实践，使自己真正成为合格的、优秀的幼儿园保教人员。

目　录

前　言 …………………………………………………………………（1）

第一章　班级管理
第一节　班级计划与总结 ………………………………………（1）
第二节　班级建设 ………………………………………………（4）
第三节　班级信息管理 …………………………………………（8）
第四节　班级物品管理 …………………………………………（11）

第二章　班级卫生与安全
第一节　班级卫生规范 …………………………………………（14）
第二节　班级安全教育 …………………………………………（16）
第三节　体弱儿管理 ……………………………………………（19）
第四节　意外事故处理 …………………………………………（21）

第三章　环境创设
第一节　区域环境创设 …………………………………………（26）
第二节　主题墙创设 ……………………………………………（29）
第三节　其他环境创设 …………………………………………（33）

第四章　家长工作
第一节　家长管理组织 …………………………………………（37）
第二节　家园沟通方式 …………………………………………（39）
第三节　家长参与形式 …………………………………………（43）

第五章　生活活动
第一节　如厕　盥洗 ……………………………………………（47）
第二节　进餐　饮水 ……………………………………………（49）
第三节　午睡管理 ………………………………………………（51）

第六章 体育锻炼
- 第一节 操节活动 (53)
- 第二节 规则性体育游戏 (57)
- 第三节 自主体育活动 (59)

第七章 户外自主游戏
- 第一节 玩沙 玩水 (63)
- 第二节 户外建构游戏 (65)
- 第三节 户外角色游戏 (67)
- 第四节 野趣活动 (69)

第八章 室内游戏
- 第一节 室内游戏计划制订 (72)
- 第二节 规则游戏组织策略 (74)
- 第三节 创造性游戏组织策略 (76)
- 第四节 室内游戏实施要点 (79)

第九章 区域活动
- 第一节 材料的投放 (81)
- 第二节 组织与实施 (84)
- 第三节 观察与指导 (86)
- 第四节 活动的评价 (90)

第十章 集体教学
- 第一节 集体教学活动的价值 (96)
- 第二节 集体教学活动的设计 (97)
- 第三节 幼儿园各学科活动的组织与实施策略 (99)

附录一 幼儿园一日作息时间安排参考 (109)
附录二 幼儿一日活动常规 (111)
附录三 幼儿园一日活动质量观察参考表 (120)

第一章　班级管理

> 　　班级是幼儿园开展保教工作的基本单位，孩子的群体生活一般是在班级中度过的。幼儿园想要组织好孩子的生活、游戏及教育教学活动，就一定要做好班级管理工作。如何做好班级管理工作，是保教人员天天在面对，又须妥善解决的问题。

第一节　班级计划与总结

　　班级计划与总结是幼儿园保教工作的关键。班级计划的制订是班级保教工作的起始环节，在整个管理过程中起着统帅作用，班级计划的制订与执行直接影响着幼儿园的保教水平。

　　总结是对计划执行情况的评价，就是反思已经做过的事，从中发现做好工作的规律，找出工作失误的教训。班级计划与总结管理具有周期性，每一个周期虽然形式上都是制订工作计划，实施工作计划，检查并总结工作，看似周而复始，实际上是螺旋式的上升，经过总结，可以在下阶段工作中避免上阶段工作的失误和不足，少走弯路，把班级保教工作做得更好。

操作要点

一、计划内容及要求

(一)学期计划内容及要求

项目	具体内容及要求
班级情况分析	班级幼儿构成情况分析,全面发展水平分析,尤其是对班级幼儿普遍存在的问题及个别特殊儿童的情况进行分析和研究。
学期工作目标	针对班级情况,结合《纲要》及《3—6岁儿童学习与发展指南》的培养目标,提出适宜的幼儿良好习惯、情感态度、能力技能和知识经验积累方面的具体培养目标,促进幼儿健康和谐地发展。
工作任务与措施	包括具体工作内容、途径和方法。主要从保教工作、家长工作、班级管理工作三方面来制订。
月重点工作安排	将一学期要完成的工作目标、工作任务及所采取的措施,分解安排到每月中去落实,包括具体时间和任务,使计划的目的性、可操作性更强。

(二)周计划内容及要求

1. 保教目标:写出本周主题教学、生活习惯及能力培养目标。

2. 环境创设:包括主题环境、区域背景环境、常规墙饰等。环境创设要与教学目标相结合,体现互动性。

3. 生活活动:写出本周重点开展的生活活动内容及观察指导要点,或重点观察对象。

4. 学习活动:写清一周主题教学的具体内容及小组或个别学习的内容。

5. 游戏活动:写出本周创造性游戏内容及规则。

6. 运动活动:写出本周动作发展目标及内容。

7. 家长工作:写清本周及下阶段需要家园配合的具体工作内容。

8. 一周小结:对本周保教工作情况进行小结,并对下周工作提出建议。

具体如下表所示:

保教目标	
环境创设	
生活活动	
家长工作	

续表

内容＼星期		一	二	三	四	五
上午	晨间活动					
	集体教学					
	自主游戏					
下午	集体游戏					
	自主游戏					
一周小结						

二、计划执行中

在计划执行中，要关注班级幼儿的有益兴趣，关注生活环境的变化，既要以计划作为实施的依据，还要边实践边反思，根据幼儿的实际发展水平及幼儿兴趣与需要及时调整教学计划，捕捉教育契机，更要发现计划本身与实际情况的偏差，根据变化了的情况及时调整和修订计划，解决实施中存在的问题，使计划更具灵活性。同时，幼儿园相关负责人要经常对班级各项工作进行检查指导，并与班内保教人员交流沟通，对计划实施中的问题及时总结反馈，以便计划更具实效性。

三、总结进行时

（一）学期总结的内容与要求

1. 班况概述。首先简要介绍本学期班级总体情况。

2. 成绩和不足。这是总结的中心，总结的目的就是要肯定成绩找出不足，成绩、不足有哪些，具体表现在哪些方面。

3. 今后的打算。根据今后的工作要求和任务，明确努力方向，提出改进措施等。

（二）周、日总结的内容与要求

根据计划制订的目标、内容，对教育实践进行分析与反思，以便在下阶段更好地开展教育教学工作。

（三）撰写总结的注意事项

1. 总结要及时。在每日、每周、每月、每学期结束前，在对班级管理和教育实践分析研究的基础上及时梳理，撰写各类总结。

2.条理要清楚,详略适宜。要抓住特色,突出重点,要有主次、详略之分。

3.要实事求是,注重反思。要反思、剖析问题,寻求解决问题的途径和方法。

> **建议** ♥♥♥♥♥
>
> 1.班务计划要在幼儿园保教工作计划和年级组活动计划的指导下制订,班级各项活动可在幼儿园活动的基础上根据本班幼儿的实际情况有所创新。
>
> 2.活动计划制订时班级三位保教人员共同协商讨论,计划制订后要共同认真执行,确保计划的有效落实。
>
> 3.要提前3—5天制订下一周计划和半日活动计划,如有特殊情况可以及时调整。

第二节　班级建设

导　航

班级建设是班级管理的基石。根据班集体的组成,班级建设针对幼儿、家长、教师、班集体四个方面,所以其内容主要围绕着班级常规建设、班级文化建设、班级团队建设三部分展开。

班级常规建设主要在于培养幼儿的规则意识以及遵守规则的能力,好的班级常规能保障幼儿一日生活的有序进行。班级文化建设更像是一种精神支柱的培养,让幼儿产生对班级、对同伴的集体认同感和参与各项活动的自信心。班级团队建设致力于促进班组各个保教人员的合作与交流,通过协商、沟通、讨论等合理途径,建立良好的协同合作关系,以达到共同的班级建设目标。

操作要点

一、常规建设

（一）常规的制订

班级常规涉及幼儿一日生活的点点滴滴。建设良好的班级常规，可以围绕培养幼儿良好的生活常规、教学常规、游戏常规三大主题展开。具体实践中，保教人员可以从培养幼儿良好的习惯作为切入点，如培养幼儿倾听、端坐、材料操作、语言表达等学习行为习惯，培养幼儿进餐、午睡、盥洗、物品整理等生活行为习惯。

常规的制订要关注合理性、协同性、生成性。

常规的制订应该考虑孩子的年龄特点、经验能力，不能逾越孩子自身的发展水平提出一些孩子根本达不到的要求。

每个幼儿都是班级中的小小"公民"，对班级常规具有平等的讨论权和发言权。小组、集体讨论就是一种很好的幼儿、保教人员双方协同参与讨论制订规则的方式。

根据孩子活动内容的拓展，将新生成的规则不断地纳入已有的规则中。保教人员根据活动的需求对各项规则进行不断的延伸和拓展，从而让规则更好地服务于幼儿一日的生活和学习。

（二）规则的执行

规则的执行需要明确要求、鼓励为主、联动推进。

规则在执行时需将各部分要求具体化、可视化。通常我们的常规会以儿歌童谣、图示图片、榜样示范的方式进行呈现，在执行时一定要明确每条规则的要求。

在进行班级常规建设时保教人员要看到孩子在执行常规要求时所付出的努力，关注每个幼儿在遵守规则过程中的阶段性进步。将班级常规巧妙地转化为孩子内在需求，从积极、正向方面引导、帮助幼儿养成良好的习惯。

规则的执行需要在各个活动中渗透进行，在游戏、活动、学习等过程中不断地进行强化，以帮助幼儿形成良好的常规意识并养成各类良好习惯。

二、文化建设

（一）满足幼儿基本的心理需求

满足幼儿基本的心理需求需要让幼儿觉察到自己的情绪情感，获得基本的表达，这样才能更好地对情绪进行调节，获得心理的满足。

心情牌：在班级最显眼的地方设置"心情牌""心情卡"，孩子在晨间入园或其他时间可以进行心情签到，可以将自己的心情用代表不同情绪反应的图片展示出来。

情绪屋：选择一个相对安静而独立的空间来创设"情绪屋"，情绪屋里也可以摆上代表不同情绪的彩色帽子，各种柔软的垫子、娃娃等，供孩子稳定情绪。

安静区：安静区内可以设置一些平复心情的方法示意图，帮助幼儿进行情绪的自我平复。

（二）推动幼儿产生集体认同感

良好的班级文化可以让幼儿更好地融入班集体中，感受到自己被老师被同伴关注、尊重，对集体拥有强烈的归属感和认同感。

好朋友日：采用一些神秘的游戏方式，把平时不怎么在一起玩的小朋友安排在一起，做一天的"好朋友"，要求他们一起坐、一起游戏、一起吃饭、一起参与教师组织的其他活动。此举采用游戏的方式拉近未建立稳定关系的幼儿间的距离，使他们进一步相互了解和交流，建立更多的班级同伴关系。

集体生日会：班级中生日同一个月的幼儿一起过生日，接受同伴不同形式的祝福或者礼物，让幼儿对集体活动充满期待。

每日必谈会：利用每天晨间或离园时间，邀请部分幼儿谈一谈自己今天在园的感受，在班级的一些经历或发现，今天和小朋友做的有趣的事情，通过集体聚会分享的方式让幼儿懂得集体存在的意义。

（三）满足幼儿个性化的发展需求

每个孩子拥有自身发展的速率、兴趣倾向、个性特点，良好的班级文化建设需要满足幼儿个性化的发展需求。

促进个性化表达：鼓励幼儿采用口头语言、视觉符号、艺术表征、肢体动作等多种方式表达内心的想法以及情感。在幼儿表达过程中，以接纳、尊重的态度开展更深入的学习与交流。

鼓励个性化探索：给予幼儿探索的机会，提供更多探索的材料，探索过程中通过提问、交流，维持幼儿探索的欲望并提升探索的能力。

支持个性化评价：采用幼儿自评、同伴互评、家长助评、教师总评等不同的评价方式，从学习品质、性格特点、情感发展等各个方面对幼儿进行有针对性的评价。

班级文化建设最终体现了教师的教育理念以及综合素质，它以教师对幼儿的爱与尊重为前提，是构建和谐的师幼关系、家园关系的保障。

三、团队建设

（一）团队建设目标

班级团队建设目标在于建设、管理一个以班级团队为基础的高效组织结构，以团队成员自身的文化现状为基点，以合作、共享、自主的文化精神为导向，关怀每一位保教人员的职业生命，激发每一位保教人员的发展动机。同时，团结一切可以团结的力量促进保教人员、家长建立共同愿景，结成稳定互助的伙伴关系，最终为每一位具有不同经验、发展水平的幼儿提供独特的、有力的成长空间。

（二）团队建设形式

1. 组建班组教师讨论组

班组教师讨论组需要班级全体保教人员围坐在一起，就一个有价值的问题或是一些困难疑惑展开分析与讨论，在各抒己见后最终梳理出相应的办法和对策。讨论的内容非常广泛，可以随时发起，在经过成员内部充分讨论之后得出结果并付诸行动。

2. 组建家园互动小组

一个班级的文化建设绝对离不开家长的理解与支持。家园互动小组以班主任为主要负责人。在互动小组中，每一个个体都是平等的，大家只有职业、角色分工的不同，大家可以就班级发展中出现的一些现象提出疑惑并进行反思和交流，在解决问题过程中教师针对家长的一些教育理念进行引导，并最终统一班级管理目标，促进教师——家长教育资源的最优化，形成最佳教育合力。

3. 组建学习互动小组

根据保教人员不断学习班级文化建设策略的需要，班级文化建设有时需要来自年级组、园级层次的一些物质以及理念支持。所以组建年级组或园级层面的保教人员学习互动小组显得比较重要。学习互动小组，目标在于互动，为保教人员提供一个学习、分享的平台，着眼点在于学习与教育教学、班级建设相关的知识与技能，提升保教人员在班级文化建设和管理、教学中的实践操作能力。

> **建议** ♥♥♥♥♥
> 　　1. 在进行班级建设时一定要团结所有能团结的力量,如幼儿、家长、园内行政管理者、班内保教人员,所以作为班级的主要管理者班主任要协调各方面的关系。
> 　　2. 班级建设是一个长期的过程,需要教师齐心协力并具有更多的耐心和等待的毅力。
> 　　3. 班级建设的过程是一个教师专业素养提高的过程,也是幼儿和家长得以更好地成长的过程,班级建设的效益会辐射班集体中的所有人。

第三节　班级信息管理

　　班级信息管理工作是指在一定时间内,通过对班级信息的收集、流通、运用、保存等,从而实现幼儿园教育目标和管理目标。信息的收集需注意以下三方面:一是准确性、真实性;二是方向性、针对性;三是启发性、指导性。

一、班集体信息管理

（一）班级大事件记录

　　集体开展的活动、获得的成绩以文字与照片相结合的形式进行记录,包括活动目标、内容、过程、效果等,并可通过自媒体进行宣传。

（二）班级自媒体管理

　　班级自媒体是指用现代化、电子化的手段,以班级名义建立,供全体班级成员共享的一个开放的网络平台,包括博客、微博、微信公众号等。教师可开设班级动态、教育理念、保健贴士、温馨提示等栏目,让家长了解幼儿在园的一日生活情况,增进与家长的沟通。同时,家长也可以在网络平台上发表心声,与其他家长进行经验交流,对班级建设提出意见与建议,促进家园交流及家长与家长之间的互动。

(三)班级多人群聊管理

QQ群、微信群作为班级多人信息交流的新平台,方便教师及时收集信息、反馈信息,及时解决矛盾和问题。为确保正常运行,需注意:

1. 仅限于本班家长和教师加入,需采用实名备注。
2. 经常组织成员学习交流、经验分享,增进成员之间的团结与互助。

二、幼儿信息管理

(一)幼儿基本资料管理

新生入园时填写入园登记表,整理后以幼儿花名册形式呈现,包括幼儿基本情况、父母基本情况、家庭住址、缴费账号、户籍情况等。档案由班主任具体负责管理。

(二)幼儿健康档案管理

包括:集居儿童健康证、新生病史调查表、每年定期体检记录,对体弱幼儿列入专案管理。此类档案主要由保健人员负责完成。

对有高热惊厥、习惯性脱臼、先天性心脏病及其他既往病史的幼儿进行详细登记,设立特殊幼儿登记本,一式两份,保健室和班级各存一份。

(三)幼儿观察与评价管理

幼儿的观察和评价,有助于教师对不同性格幼儿实施有效的教育,从而让幼儿得到更全面的发展。主要包括:

1. 一日生活观察记录

幼儿园的一日生活是幼儿在园一天的全部经历,包括入园、餐点、盥洗、户外活动、教育活动、午睡、离园等环节,可就以上环节对幼儿的自主性、情绪情感进行评估。

2. 幼儿成长手册

其内容包括教师及家长对幼儿的观察记录、幼儿的作品、照片等。成长手册不仅能够促进幼儿富有个性地发展,而且能够促进教师的自我成长,促进家园之间良好互动。

3. 个案分析

针对幼儿某一方面或某种行为表现进行阶段性的观察记录,分析原因,并提出相应的教育措施。

4. 家园联系册

家园联系册一般由幼儿档案、行为表现、家园互动三个部分组成。其中，在家园互动这栏里除了有教师的评价，还应有家长的评价，从而实现互动式的幼儿评价机制。

5. 全面发展评估表

评价在教育实践中起有力的杠杆作用，评价的目的是为了了解幼儿的发展需要，促进每一个幼儿的发展。

❀**（四）学籍信息管理**

学籍信息作为学前教育机构的档案资料和幼儿接收、转学的凭证，包括幼儿户籍、居住地、在园时间等基本信息，填写完毕后经幼儿园、街道（镇）和教育局审核，一式两份，为今后幼儿进入小学提供信息参考。

三、家长资源库管理

家长是学校教育中的重要资源，充分利用家长资源，能拓宽幼儿教育的视野，给教师的教学提供新的思路。

1. 建立和归档家长资源库

可通过家长会、亲子活动、微信等途径告知家长并做好宣传、动员，申报家长资源库。可由家长志愿者课堂、活动策划组、综合实践组等提供各种信息，根据回收情况，教师对这些信息进行归类汇总，形成资源库，并进行相应的分类、归纳，以便查找和使用。

2. 发挥家长资源库的积极作用

家长可以是活动的指导者、信息的提供者、场地的介绍者等，乃至身兼多种角色。让家长参与到活动评价中，使其能看到自己孩子的发展，对照其他孩子的发展情况，使家长资源库成为幼儿教育的社会力量。

3. 评价与调整家长资源库

教师要根据具体要求，对家长资源库开发的合理性、有效性、可行性等进行评估，将家长资源库中参与热情高、能发挥作用、责任心强、综合能力强的家长资源进行长期保留；反之要进行适当调整。

> **建议**
>
> 1. 注重保护隐私安全。充分尊重每户家庭的隐私,不得泄露幼儿及家长的个人信息。
> 2. 注重语言文明。一是语言得体,有事说事,不无事生非。二是不确定的事需调查清楚后才可以发布,以免造成不良影响。三是不聊和主题无关的内容。
> 3. 注重发掘家长资源。家长自愿登记时应充分尊重家长意愿,赢得家长广泛支持和积极参与,并充分发挥家长才能。

第四节　班级物品管理

班级犹如一个大家庭,有人活动的地方就会有需要的物品存在。一个整齐有序的环境是开展活动的保障,妥善管理物品是创建有序环境的前提,而合理科学地对物品进行归类则是提高有效管理的好方法,最终的有效性表现在各种物品能够为师生日常活动提供便利。

一、归纳物品的属性

在整理班级物品时,先区分哪些是公共物品,哪些是私人物品;哪些物品使用率高,哪些物品不常使用;哪些物品需要敞开摆放,哪些物品必须隐蔽放置。一旦物品定性之后,即可以确定这些物品的摆放位置。

1. 划分室内可以放置物品的区域和空间,如:玩具筐、操作台、展示柜所在的区域。
2. 确定物品属性,合理布局物品的摆放位置,如:放洗涤用品的盥洗室,高处放洗洁精，低处挂小毛巾；放在教室的学习用品，图书放窗边明亮处，剪刀胶水放操作台；放在区域游戏的材料可以玩具入筐，器具入箱。

3．让孩子参与物品的归类，随时纠错，让"走错门"的物品回归到该去的地方。

二、细分物品的用途

每个物品在成为垃圾之前都有其特定的用途，保教人员必须明确物品的具体使用性能，分清游戏类的玩具、学习类的教具、生活类的用具、操作类的工具、卫生类的洁具等等，让它们能物尽其用。

1．思考班级现有物品使用的场所、使用的频率和使用的时效。

2．对物品管理的人员进行具体分工。如：消毒、洗涤物品落实到保育员负责使用和保管，图书玩具提倡幼儿自主管理，学习教具由教师适时适量投放和更换。

三、利用收纳器具的功能

市面上的收纳产品种类繁多，最常见的是塑料筐和纸板箱，还有材质为牛津布等的收纳盒。如何将收纳器具变成放置班级物品的百宝箱，取决于教师对空间合理布局的思考。这样，即使是被丢弃的鞋盒、酸奶盒，都可以在教师的手里变成组合式的储物柜。

1．购买容量大的收纳盒，按物品的属性储物，做好标识并摆放。

2．收集各种废弃盒子，按物品用途重新改造组合，使之成为百宝箱。

3．鲜明标识不可少，追求效率可以直接购买花色标记，追求创意可以自行设计个性化的标记。

四、把控物品的数量和质量

俗话说"物以稀为贵"。在物品超过需求时会出现浪费，满足不了需求时又会出现争抢，教师在管理物品时可以根据幼儿需求，注意控制物品的质和量，及时更换、补充、修补。

1．不要一次性投放过多的材料，以免幼儿在无所适从的情况下不在乎物品的使用价值。

2．及时更换部分操作材料，以免幼儿降低对物品的操作兴趣和喜欢程度，造成不爱惜、破坏物品的现象。

3．不能更换的物品要加强保养和维护。

五、养成"物归原处"的好习惯

不管是保教人员还是幼儿,在日常物品的使用过程中都要养成"东西从哪里拿来放到哪里去"的习惯,这样可以杜绝丢三落四的毛病,能够建立取放物品的条理性,节省了因找物品而花费的大量时间,提高了管理物品的有效性。

> **建议** ♥♥♥♥♥♥
>
> 1. 物品摆设的美观能激发保教人员的管理兴趣。班级的物品管理不能仅停留在收纳和堆放的概念上,要符合保教人员和孩子的审美观,美的东西能够激发管理兴趣,在管理中愉悦心情。
>
> 2. 环境设置的和谐能发展保教人员的管理能力。温馨的环境布局、统一的环境格调,有利于促进保教人员的管理能力。一个班级两教一保营造家庭式的班级氛围,不仅让班级充满生活气息和活力,而且还能达成保教人员间不同能力差异的互补。保教人员在管理班级物品的同时,也可以培养幼儿的管理能力。
>
> 3. 整洁有序的条理能提升保教人员的管理品位。各人都有自己的习惯,有条不紊的秩序感是建立行事风格的基础,要树立管理意识,光有责任感还不够,还需要不断提高管理水平,提升管理品位。

第二章 班级卫生与安全

> 班级是幼儿园开展保教工作的基本单位,班级的卫生和安全工作是开展班级保教工作的基础。班中保教人员应在科学的儿童观与教养观的指导下,团结协作,建设卫生、安全、温馨、和谐的班集体,共同促进幼儿身心健康发展。

第一节 班级卫生规范

幼儿园清洁卫生工作质量的高低直接与幼儿园管理者的理念和管理策略相关,为幼儿创建一个干净、卫生、整洁的外部环境,是开展幼儿园教育最基本的要求。

一、环境和物品卫生

1. 建立室内外环境卫生清扫和检查制度,每周全面检查一次并记录。
2. 室内有防蚊、蝇、鼠、虫及防暑和防寒的设备。
3. 保持室内空气清新、阳光充足。采取湿式清扫方式清洁地面。厕所做到清洁通风、无异味,每日定时打扫,保持地面干燥。
4. 卫生洁具各班专用专放并标有标记。抹布分类使用,用后及时清洗干净,晾晒、干燥后存放；拖布清洗后应晾晒或拧干后存放。

5. 枕席、凉席每日用温水擦拭，被褥每月曝晒1—2次，床上用品每月清洗1—2次。

6. 玩具、图书表面保持清洁，每2周至少进行1次玩具清洗或消毒，每2周图书翻晒1次。

二、个人卫生

1. 儿童日常生活用品专人专用，保持清洁。要求每人每日至少两巾一杯专用，每人一床一被。

2. 饭前便后应当用肥皂、流动水洗手，早晚洗脸、刷牙，饭后漱口，做到勤洗头洗澡换衣、勤剪指（趾）甲，保持服装整洁。

3. 保教人员应当保持仪表整洁，注意个人卫生。饭前便后和护理儿童前应用肥皂、流动水洗手；上班时不戴戒指；禁止任何人在园内吸烟。

三、预防性消毒

1. 活动室、卧室应当经常开窗通风，保持室内空气清新。每日至少开窗通风2次，每次至少10—15分钟。在不适宜开窗通风时，每日应当采取其他方法对室内空气消毒2次。

2. 儿童餐具每餐使用后应当在食堂或清洗消毒间集中清洗消毒、保洁。餐桌每餐使用前消毒。水杯每日清洗消毒，用水杯喝豆浆、牛奶等易附着于杯壁的饮品后，应及时清洗消毒。反复使用的餐巾每次使用后消毒。擦手毛巾每日消毒1次。

3. 门把手、水龙头、床围栏等儿童易触摸的物体表面每日消毒1次。抹布使用后清洗消毒。坐便器每次用后及时冲洗，接触皮肤部位消毒。

4. 使用符合国家标准或规定的消毒器械和消毒剂。

建议 ♥♥♥♥♥

1. 一般规模较大的幼儿园每班都配有两教一保，卫生消毒工作主要由保育员负责。对于规模较小的幼儿园来说，教师在教育教学工作之外必须同时承担卫生消毒工作，因此教师也需要掌握基本的卫生消毒操作常规。

> 2. 保教人员要认真做好每一项消毒工作,熟练掌握每种物品具体的消毒方法、消毒药物的配置浓度、消毒时间的安排等,使消毒工作落到实处。
> 3. 保教人员需要定期进行卫生消毒知识的培训,为幼儿创建一个卫生、安全的生活学习环境。

第二节　班级安全教育

导　航

安全管理是幼儿园日常工作的重中之重,事关社会、家庭的稳定和幼儿园的正常运作。保教人员应根据班级实际情况,依照"安全第一,预防为主"的思想,扎实开展班级安全工作,全面实施安全管理,做到常落实、常巡视,常细看,及时消除隐患,确保幼儿在园安全健康。

操作要点

一、幼儿活动安全管理

（一）来园、离园安全管理

1. 教育幼儿按规定时间来园、离园;严格执行家长接送制度,落实"接送卡"的使用制度,杜绝幼儿被陌生人接走,确保幼儿在园安全。

2. 仔细观察幼儿的脸色、皮肤、精神状态等,发现异常状况,及时向家长询问或请保健医生检查,了解具体情况,保证幼儿在园健康。若发现幼儿带有不安全的物品,及时向家长和幼儿说明并妥善处理。

3. 在幼儿来、离园过程中,教师应做到及时清点人数。值班教师做好来、离园幼儿的交接手续。日常工作中要坚决杜绝幼儿走失现象的发生,定时、不定时地检查幼儿人数,发现走失,及时上报、处理。

4. 做好周边环境的视察工作,察觉到有不安全因素,及时报告;遇事冷静,以顾全自身安全为前提,不冲动蛮干。

5. 离园时检查班级以及包干区的门、窗和电灯、空调、电视机、电脑的插座开关是否全部关闭,并关闭电源总开关。

(二)班级活动安全管理

1. 教学活动安全

保教人员要为幼儿提供安全的活动材料,要注意观察周围场地、所用器材等情况,对于有些用废旧物品制作的活动材料和有些含铅成分较高的物品(报纸、彩泥等)应及时提醒孩子使用后立刻洗手,做好清洁卫生工作。教师在组织户外活动时要指导幼儿玩得有度、玩得得法,做到观察全面、照顾细微,并提醒、教育幼儿加强安全意识和自我保护意识,尽量避免事故的发生。

2. 游戏活动安全

在游戏活动中教师应具有以下安全防范意识:活动前要对游戏设施设备进行检查,确保游戏设备坚固安全;游戏活动中教师做到四勤,即"嘴勤、手勤、眼勤、脚勤";教育幼儿遵守游戏规则,有序开展活动,不做伤害别人、伤害自己的动作。

3. 外出活动安全

外出前教师必须注意踩点,充分做好路线、人员配备、交通工具等准备工作;外出时应随时关注本班幼儿情况,在上车、下车时随时清点人数,按顺序上下车;教育幼儿乘车时不将头和手伸到车外,在车上不大声喧哗,不在车上玩耍和跑动,扶好车把,不玩弄车门和车窗,以免发生危险;幼儿在活动中要紧跟前面的同学,不相互推挤,不掉队,不随便离队,不跟陌生人走;参加幼儿园组织的园外集体活动,要严格遵守活动纪律,杜绝个别行动。活动结束后,教师要时时关注幼儿的身体状况。

4. 生活活动安全

教育幼儿养成良好的生活安全习惯,勤剪指甲,不抓别人或挠伤自己;不带危险物品进幼儿园;吃饭不大声喧哗、笑喊;午睡不在床上玩和站;有秩序出入活动室和寝室;正确洗手,不吃不干净食品,防止病从口入;上下楼梯扶好扶手,一步一个小脚印。

二、班级物品安全管理

(一)班级地面最好采用木板地;椅角、桌角、墙角以圆角为宜,若有尖锐边角应用软性材料巧妙包扎;教室的门应向外开,不宜装弹簧;午睡的床要有护栏。

（二）保持地面的清洁干净，做好防滑工作；修补或及时替换损坏的桌椅等，减少或避免幼儿可能因碰到、磕到而产生的安全事故；在门缝处加塑料或橡皮垫，以免夹伤手指。

（三）教师对教玩具的选择应根据幼儿年龄特点，符合安全要求：不给幼儿体积小、锐利、有毒的教玩具及物品，如小珠子、小扣子、小棋子、别针、图钉等，以免幼儿塞入口、鼻中或引起刮伤、割伤等。

（四）班级各项电器设备不得自行移动，保证幼儿接触不到相关电源插座。如需变更、移动，应提前告知后勤部门，由后勤人员到场查看再做相应调整。

三、食品用药安全管理

（一）服药安全

药品的管理、服用是一项细致的工作，包括幼儿带药、放药、服药这三个方面。幼儿所带药品，家长必须在外包装上注明幼儿班级姓名，同时在幼儿服药登记表上登记幼儿姓名、服药时间、服药剂量、注意事项，家长签名，这样要求的好处一是不易服错药，确保正确的剂量，二是易保管，责任清。幼儿所带药品应存放专门药箱，由保健医生专人送服，有效保证幼儿的服药安全。

（二）食品安全

保教人员对食品安全的管理应做到：从班级外取回食物时应检查其质量和保质期限。幼儿进食时也应密切关注，防止噎呛事故的发生。加热的食物分配应依照规定，有专人负责，防止烫伤。

建议 ♥♥♥♥♥

1. 安全工作是幼儿园工作的重中之重，提高保教人员的安全意识是安全工作的保障基础。因此，保教人员要牢固树立"安全第一，预防为主"的意识，在保教工作中不折不扣地执行幼儿园的安全制度。

2. 一般情况下，幼儿服药由保健医生负责。但因保健医生特殊原因临时不在工作岗位时，简单的服药工作也可由保教人员代替，但是必须按如上的要求严格操作。

3. 一般情况下，幼儿食品由食堂专职管理人员负责卫生与安全，不存在保教人员对幼儿食品的安全管理。但是，有时因特殊活动的需要，班级可能会有幼儿自带的食品,因此建议保教人员要严格检查食品的保质期,并做好相应的记录与观察工作。

第三节 体弱儿管理

体弱儿是指早产儿以及有以下7种主要问题的儿童:1.营养性缺铁性贫血;2.蛋白质—热能营养不良;3.反复呼吸道感染;4.肥胖症;5.糖尿病、肾炎、癫痫、先天性心脏病;6.行为偏离(自闭症、孤独症);7.视力、听力问题。幼儿园对于体弱儿的照顾和关心是幼儿保教工作的重要内容之一,保教人员应给予体弱儿更多的照顾和关心,注意他们的生长发育情况,使他们能够更好地成长。

一、工作要求

1. 在保健人员指导下,认真执行患病儿童管理规章制度。

2. 根据不同体弱儿的情况,配合保健人员制订一日生活计划,注意动静结合、劳逸结合。

3. 仔细观察体弱儿的精神状态、饮食、睡眠、大小便及参加活动情况,做好每日记录,特殊情况及时反馈给保健人员。

4. 做好幼儿的心理工作,说话态度和蔼、动作轻柔,在体弱儿的进餐、大小便及户外活动中给予特殊照顾。

二、实施方法

1. 体育锻炼时,及时帮助他们擦汗及增减衣服。

2. 根据季节做好降温、保暖工作,并根据体弱儿的不同情况区别对待,注意活动

量和运动强度。

3. 进餐时,注意观察体弱儿的食欲,鼓励其吃完自己的一份饭菜。

4. 午睡时加强巡视,及时为体弱儿盖被、擦汗,起床时及时帮助体弱儿穿衣,使其避免因受凉而感冒。

5. 积极与家长沟通,指导家庭护理。建议家长合理安排孩子的膳食,注意营养搭配,以使膳食中的营养能够满足孩子的需要,避免孩子养成挑食、偏食的习惯。营养品只是一个辅助治疗的手段。一方面可以在季节变换时、疾病多发期给孩子适当地补充维生素C,另一方面还要鼓励孩子进行锻炼、多运动,这样也能预防疾病。

6. 对肥胖儿童及时纠正偏食、挑食、吃零食的不良习惯。培养幼儿良好的饮食习惯,控制幼儿的进食量、进餐速度。让肥胖儿多吃水果蔬菜,少吃高热量食物,用餐前让他们适当先喝点汤,然后进餐,以减轻饥饿感。

7. 鼓励幼儿适当运动,保教人员要掌握安全的运动量,儿童适宜的最大运动强度通常为心率每分钟130—160次,以皮肤潮湿微汗为限。

8. 鼓励幼儿克服自卑心理。

9. 对视力、听力有问题的儿童,教会儿童用眼、用鼻、用耳的卫生,对儿童进行健康教育。

建议

1. 在班级中一般都会有几个体弱儿,如果护理不当不仅会引起家长的不满,也不利于幼儿的健康成长。所以,对这部分孩子的监护特别重要,保教人员应该从理念上重视这些儿童,并落实到行动中去。

2. 对体弱儿的护理,应该有针对性。不同类型的体弱儿的护理方式差异性很大,保教人员需要根据幼儿个体的特点,实施有针对性的生活护理。

3. 做好家园联系,定期向家长反映幼儿在园管理期间的情况。

第四节 意外事故处理

幼儿不可能生活在没有任何危险的环境中,环境中的危险因素对幼儿造成的伤害随时都会发生,哪怕幼儿在园有保教人员的精心看管。因此,幼儿园保教人员必须掌握一些处理意外伤害和急救的知识、技术,在万一发生意外时,能冷静地采取有效措施,以挽救生命,防止伤残,减少病痛。

一、异物入体及处理

（一）鼻腔异物

幼儿在玩耍中,经常会无意识地将纸团、小珠子、豆粒、小的果核等物品塞进鼻孔,造成鼻腔异物。处理方法:

若异物入鼻未能及时发现,会有一侧鼻堵的现象,时间长了鼻涕有臭味,并带有血丝。一旦发现这种情况,要送医院检查。

若当即发现幼儿将异物塞进鼻孔,可立即压住另一侧鼻孔,擤鼻,若不能排出异物,要去医院处理。千万不要用镊子试图将异物夹出,尤其是光滑圆润的东西,若没有夹住,很容易捅进深处,一旦落入气管,非常危险。

（二）外耳道异物

孩子在玩耍时也会将一些小物件塞进耳朵,或昆虫钻进外耳道,形成外耳道异物。处理方法:

1. 昆虫入耳处理方法

昆虫一旦入耳,可用灯光对着外耳道口照射,诱昆虫爬出;或用甘油、食用油、酒精等滴入外耳道,将昆虫淹死,再夹取出来。若看不出异物,就不要盲目操作,应去医院处理。

2. 植物性异物处理方法

（1）植物种子、豆子等异物会遇湿膨胀,堵塞外耳道,幼儿听力减弱时才被发现;

(2)或引起外耳道发炎,幼儿感到疼痛时才被发现。若遇以上情况,应送医院治疗。

(三)咽部异物

咽部异物常常是由于进食不当而引起。如被骨头渣、鱼刺、枣核等扎在嗓子上。处理时不能采用硬吞饭团等将异物咽下的方法。硬吞食物可能会将异物推向深处,更不容易取出,若不小心扎破大血管,十分危险。发生异物梗喉,要去医院处理。

(四)气管异物

常见的气管异物有西瓜子、花生米、豆子、巧克力豆等。一旦异物入气管,要及时急救,方法是:救护者从幼儿背后,搂住他的腰,头朝下,用右手大拇指的背部顶住上腹部(心口窝处),左手叠于右手之上,向上、向后用力推压,使横膈肌压挤肺,产生气流,将气管异物冲出。若病儿已昏迷,可采用仰卧体位,在其上腹部进行冲击性推压。经上述方法,若不能迅速排出异物,速送医院急救。

二、急症、外伤及处理

(一)轻微外伤

1. **皮肤擦伤处理方法**:如果伤口脏,可先用生理盐水(用 9 克盐加冷开水 1 千克配成)或凉开水冲洗伤口,清除泥沙等污物。涂红药水或紫药水,用纱布覆盖,胶布固定好。如脸部擦伤,不要涂紫药水,以免流下紫色痕迹。

2. **割伤处理方法**:用消毒纱布紧压伤口止血。血止住后,伤口周围用浓度为 75% 的酒精由里向外涂抹消毒。伤口可涂红药水,敷消毒纱布,再用绷带或胶布包扎好。伤口过深,出血不止,应立即用消毒纱布扎紧伤口暂时止血,送医院处理。

3. **刺伤处理方法**:用生理盐水或凉开水冲洗伤口。绷紧皮肤,用消毒过的针(可用缝衣针,经酒精擦拭消毒)挑出屑子,然后用力挤净伤口的血。用浓度 75% 的酒精消毒伤口周围的皮肤。伤口处涂红药水。

4. **挫伤处理方法**:挫伤症状为皮肤未破,伤处肿痛,皮肤颜色发青。因内出血所致,处理时不宜搓揉伤处,而应立即做局部冷敷,防止内部继续出血。24 小时以后方可做热敷。受伤部位限制活动。

如头部、胸部、腹部等受挫伤,要仔细观察孩子的神志、面色、表情等来判断病情的轻重。一般内脏受伤会引起内出血,伤者脸色苍白、出冷汗、手脚冰凉、呼吸急促、心慌、脉搏弱。如有内脏损伤的怀疑,应立即送医院处理。

5. **扭伤处理方法**:扭伤多发生在四肢的关节部位,损伤处局部充血、肿胀和疼痛,活动受到限制。处理时首先应判断是否有骨折或脱臼。待确定无骨折、脱臼后,采用冷敷,暂时停止活动以达到止血、消肿、止痛的目的。24小时后,出血停止,才可用热敷和按摩促进消肿和化瘀。

三、鼻出血及处理

幼儿的鼻黏膜薄嫩,毛细血管丰富,外伤、上呼吸道感染或缺乏维生素均易引起鼻出血。处理方法:

1. 安慰孩子不要紧张,安静就座,头略向前低。捏住鼻翼,一般压住10分钟左右就可止血。前额、鼻部用湿毛巾冷敷。止血后,2—3小时内不要进行剧烈运动,避免再出血。

2. 出血较多时,可用脱脂棉卷塞入鼻孔,填塞紧些才能止血。若有麻黄素滴鼻液,可洒在棉卷上,止血效果更好。

3. 若儿童有频繁的吞咽动作,一定让他把"口水"吐出来,若吐出的是鲜血,说明仍继续出血,应尽快送医院处理。

4. 如果孩子平时经常发生鼻出血,而且皮肤上有瘀斑,其他小伤口出血也不易止住,应去医院做全面检查,以确定是否有血液疾患。

四、烧伤、烫伤及处理

烫伤是日常生活中较常见的一种意外伤害。在幼儿园里幼儿烧伤、烫伤中,要属开水、热粥、热汤等烫伤占首位。

(一)烫伤分度

烫伤可根据深浅的程度不同分为三度:

一度烫伤:仅损伤皮肤表层,局部皮肤红肿,感到灼痛,没有水泡。

二度烫伤:伤及真皮。局部除红肿外,还有水泡,感觉疼痛剧烈。

三度烫伤:伤及皮下组织、肌肉。

(二)处理

立即除去被高温液体浸透的衣物。如身上还沾有热粥、热菜等,要轻轻擦去。

一度烫伤可在局部涂一些獾油、羊油、烫伤油、清凉油等,一般在5天内可长好,不留疤痕。

二度、三度烫伤,可用干净的纱布、毛巾等覆盖伤面,不要弄破水泡,避免压迫创面,不可在创面上涂抹不洁之物,应送医院处理。

五、骨折及处理

（一）骨折的症状

一是疼痛：因断骨刺伤周围的组织，产生剧烈的疼痛和局部明显的压痛。

二是功能障碍：骨折后失去正常的功能。如指骨骨折就不能握物；下肢骨折就不能站立、行走。

三是出现畸形：骨折后，原来附着在骨骼上的肌肉失去平衡，组织肿胀，使局部出现畸形。

（二）处理方法

骨折的现场急救原则——限制伤肢再活动，避免断骨再刺伤周围组织，以减轻疼痛。这种处理叫"固定"。

1. 肢体骨折：使用薄木板将伤肢固定。木板的长度必须超过伤处的上下两个关节。在伤肢上垫一层棉花或毛巾，然后用三角巾或绷带把木板固定在伤肢上，须将伤肢的上下两个关节都固定住。例如，前臂骨折，应将腕关节和肘关节都固定住，使断骨不再有活动的可能。

2. 肋骨骨折：如仅仅是肋骨骨折，未伤及肺部，伤者不觉得呼吸困难，可用宽布带固定断骨。方法是，让伤者做深呼气（往外呼气），使胸廓变小，然后用宽布带缠绕断骨处的胸部，以减小呼吸运动的幅度。若伤者感到呼吸困难，表示已经伤及肺部，遇这种情况就不能处理断骨，应速送医院。

3. 颈骨骨折：先在颈下垫一小枕头，保持颈椎的生理弯曲度，再在头的两侧各垫塞一个小枕头，并固定在担架上，以免头部晃动。

4. 腰椎骨折：伤及腰部，应严禁伤者弯腰、走动，也不得搀扶、抱持伤者。应由数名救护者动作一致地同时托住伤者的肩胛、腰和臀部，将伤者轻轻"滚"到木板上，伤者采取俯卧，再用宽布带将其身体固定在木板上。

要注意，任何腰部的活动，如屈伸、侧弯和扭转，都会加重脊髓的损伤。严重的脊髓损伤可导致不可恢复的截瘫。在运送过程中要尽量平稳。怀疑伤及骨盆，也要用木板做担架。

六、高热惊厥及处理

（一）症状

出现高热惊厥的小儿，全身或局部肌群会突然发生强直性或阵挛性抽搐，双眼球凝视、斜视、发直或上翻，伴有意识丧失，持续数十秒到数分钟，个别会出现惊厥持续状态 30 分钟。

🌸（二）处理方法

1. 保持呼吸道通畅：立即将患儿置于仰卧位，头偏向一侧，解松衣领、裤带，清除口、鼻、咽喉分泌物和呕吐物，以免发生吸入性肺炎和窒息。用包好的牙舌板放入口腔内以防舌咬伤，如果没有可就地取材，用裹有纱布的竹板或小木片垫在上下齿之间。牙关紧咬者，不可用强力撬开，以免损伤牙齿。

2. 止搐：可用大拇指指甲掐患儿的人中穴。较强刺激 1—2 分钟，直到患儿发出泣声。

3. 降温：有条件者可用冰袋或冰枕置于头部。用冷湿毛巾敷患儿前额，或放在颈部、大腿内大动脉搏动处。也可用冷湿毛巾反复擦颈、两侧腋下、四肢、腹股沟等处约 5 分钟。

4. 抽风停止，患儿清醒后喂退烧药 1 次，再喂 1 杯凉开水。然后送医院进一步诊断与治疗。

建议

1. 幼儿年龄小，正处于动作发展时期，因此显得好动，加之其自我保护意识弱，因此幼儿的各种意外事故的发生率比较高。因而保教人员要树立高度的安全意识，在一日生活中要加强幼儿园的安全教育，同时还要掌握必要的幼儿意外伤害的一些急救方法，在第一时间内采取合适的急救方法，将对幼儿的伤害降到最低。

2. 保教人员要了解幼儿的生理特点，以便科学地进行预防和处理幼儿的意外伤害事故。幼儿肢体受伤后，即便痛得不十分厉害，也要立即联系园内的保健医生，做出专业判断，给予处理方案。本节对幼儿有关症状的常识的介绍，主要是帮助保教人员做到心中有数，尽量减少病症对孩子的损害。

第三章 环境创设

幼儿园环境是指幼儿园为幼儿身心健康发展所营造的一切物质条件和精神条件的总和,它是影响幼儿发展的重要因素之一。环境作为幼儿园中不会说话的老师,承载了许多教育的意蕴。依托环境,能对幼儿进行全方位的信息刺激,有利于对幼儿进行生动、直观、综合的教育,使幼儿获得直接的智力启迪和情感体验,从而使幼儿获得全面发展。本章仅就物质环境的创设展开阐述。

第一节 区域环境创设

区域环境的创设是区域活动中的一个主要内容,我们通过环境的创设,包括区域活动空间规划、色彩的设计运用、标记图示的呈现等,把教育意图具体化、显性化,使幼儿在教师创设的区域中更愉快、自主地开展游戏活动。

一、区域的空间规划

场地设置上要注重相对动态和相对静态区域的分隔。在相对动态的区域,如娃娃家、医院、商店,及建构、表演等区域,幼儿的交往、交流频繁,气氛热烈。在相对静态的区域,如科探区、语言阅读区、益智区、美工区等,幼儿大量时间是与材料在互动,相对比较安静。因此在区域场地设置时要注意将两者分隔开,避免互相干扰。

区域之间要善于利用不同高矮的隔断。低矮的隔断适合小年龄儿童,也适合相对静态的区域;较高的隔断适合大年龄儿童,也适合相对动态的区域。但隔断最高以不超过幼儿身高10cm为限,这样才不会妨碍保教人员的随时观察。建议选择一些双面柜作为区域与区域之间的隔断,这样既可以让区域有适当的分割,同时又满足了区域材料摆放的要求。也可以选择厚纸板作为屏风式隔断,它所占空间不大,而且屏风上还可以借助一些回形针、塑料卡片等,展示幼儿的作品。

同时,教师还需注意区域色彩的协调。可选定一个主色调,然后围绕这个主色调去布置各个区域,那么班级就能呈现出一种协调的整体风格。慎用对比色和明艳色。区域环境是一个背景,在这个背景上还会陆续增加材料、橱柜、幼儿作品等等,如果为区域选择了一个对比色很强或者颜色很艳丽的背景,那么就会显得色彩杂乱。

二、区域的标识设计

(一)区域标识

区域标识的作用是告诉幼儿在这个区域里主要玩什么,因此标识应该用幼儿能够看得懂的标记、符号和图案呈现,也可以让幼儿自己来画。同一班级中的区域标识应该相对统一风格。区域标识悬挂应考虑到幼儿的视线,不可过高。

(二)区域图表

区卡的设计:设计一个可插放区卡的纸板(如图),既可以控制人数又能让教师清楚谁去了哪里活动。注明幼儿的姓名,设立几个简单的符号,以供保教人员记录该名幼儿在区域内的表现,方便后期指导。

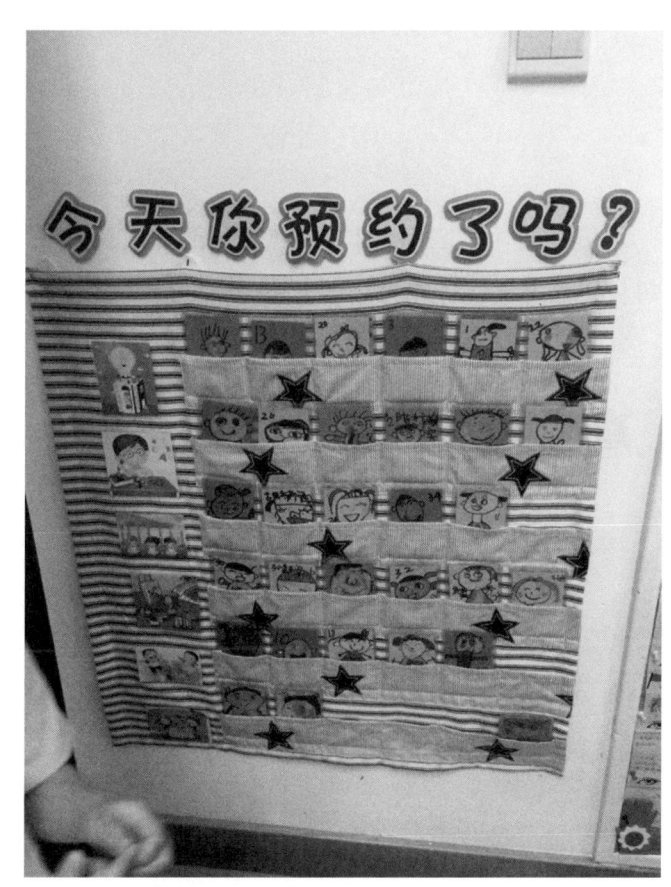

（三）区域图示

区域规则提示：区域活动的规则应该先和幼儿一起讨论后才能确定，不要教师单方面决定。小班可以采用照片等直观的形式标示，中、大班可以让幼儿共同参与绘画、剪贴等制作，体现儿童的自主性。

区域活动支架：可以采用形象的图示，清楚地告诉幼儿区域中的活动流程、活动方法，将教育的意图隐含在环境中。如左图所示，该图示清楚地告诉幼儿在区域中的活动步骤，以及运用材料时要如何保护自己的要求。

区域活动记录：呈现幼儿在区域中的一些活动过程和痕迹，可以采用照片加简单的文字说明的形式在区域环境中进行布置，也可以将幼儿在区域中的活动作品进行归类整理和展示。

建议

1. 区域是一个不同于集体教学场所的空间，因此靠枕、坐垫、小箱子等等，都是供幼儿坐、趴等比较好的道具。

2. 区域环境的布置要善于用幼儿的作品作为最主要的布置材料，要善于让幼儿共同参与环境的创设，不要教师一味包办，这样既让区域显得有童趣，还体现了幼儿的自主性。

第二节 主题墙创设

主题墙是针对幼儿近阶段主题学习的进程而设计的墙面环境,是幼儿园教育环境的重要组成部分。通常,主题墙利用活动室大块墙面建构而成,以图文并茂的方式呈现幼儿当下的学习历程。

主题墙是课程的鲜活生命体。对教师而言,是让文本的课程转化为活动的课程的一项工程;对幼儿而言,它是一本无须翻阅的连环大书;对家长而言,它是幼儿几周以来在园所经历课程的最生动形象的说明和最直接的成果展示。

一、主题墙的设计与制作

一般而言,较大面积的主题墙可以分成若干个小板块。为了能够全面、动态地反映主题教学的开展情况,应合理设计板块内容并安排板块布局。

(一)主题墙的内容

1. 起始阶段

(1)主题公告

这里的主题公告指向的是幼儿。可以以形象的方式告知幼儿主题名称,还可运用图文结合引发幼儿对本主题的兴趣点和疑问点。

(2)问题征集

收集幼儿对于主题教学内容的疑问或困惑。小班的孩子可尝试让其提出问题,教师帮助记录展示;对中、大班的孩子,可鼓励其自主完成问题表达。问题呈现可以使用叠加式,如让孩子将一个问题画在一张小纸上,相同问题归类呈现;还可以以思维导图式凸显问题的顺序和层级。

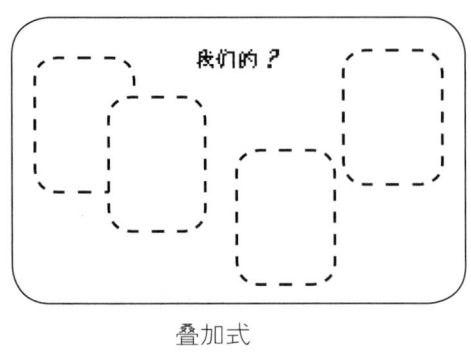

叠加式　　　　　　　　　　　　导图式

（3）调查图表

教师在主题教学活动进行前，有针对性地设计调查图表。例：中班主题"蔬菜一族"中，前期经验调查图表："家里常吃的蔬菜有哪些？""你还知道什么蔬菜？""有和爸爸妈妈一起买菜的经历吗？""你对蔬菜方面的什么话题最感兴趣？"等。

2. 进程阶段

（1）资料呈现

幼儿、家长和教师共同收集、呈现各类信息资料。仍以中班"蔬菜一族"为例，可呈现各种常见蔬菜的实物、图片；蔬菜种植的场景图；蔬菜造型的图片；蔬菜售卖的图片等。需要说明的是，上述师幼共同收集的资料是随着主题内容的不断推进而逐步呈现的。

（2）活动反馈

教师对幼儿在主题开展过程中的"活动参与"（如参观、调查、访谈、制作等）进行记录和展示。

（3）学习再现

主题学习中，经常会有幼儿的"作业"：有的可能是实验记录，有的可能是对于现象的假设，有的可能是发现记录，还有的可能是调查记录等。这些记录反映了孩子在主题学习中积淀的经验。

（4）作品展示

主题行进中的各类表征（绘画、手工、图示、建构作品等），都可以有选择地张贴在主题墙上。

3. 尾声阶段

（1）主题评价

主题评价是指幼儿经过一个相对完整的主题学习，通过图加文的方式，和大家分享自己最喜欢的主题活动是什么，分享自己在主题学习中的收获，反思自己可以改善的学习行为等。

(2) 主题延伸

主题延伸指经过主题学习后,孩子们未来还想继续探究的部分。教师可在倾听幼儿想法的基础上,进行集中整理并加以呈现。也许,后续的主题正是从孩子的疑问中再度生成。

(二)主题墙的板块布局

为了能够更好地让幼儿通过主题墙对主题经验有较为全面的了解,需要将上述内容用一定的形式呈现,一般有以下几种方法:

1. 线型布局

通常指教师依据主题的先后进程,在墙面上从左至右呈现主题学习内容。在操作上,教师只要将以上这些内容制作成独立板块,然后按主题呈现的先后顺序进行合理的组合,在视觉上保证美感即可。

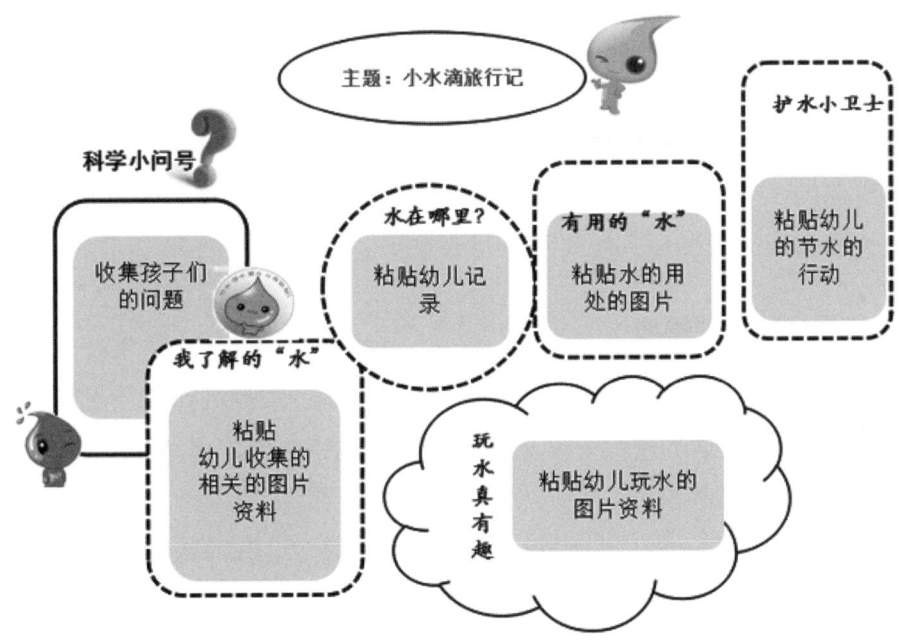

2. 网状布局

此板块设计是按照主题网络图中的层级与线索,将幼儿的学习过程图片、幼儿各种表征作品等记录于其中。

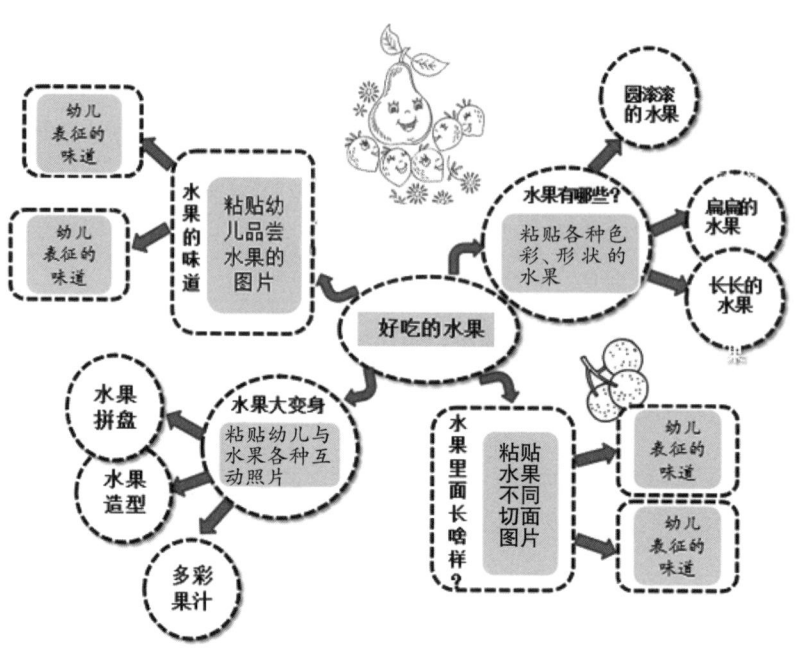

3. 移动式布局

与上述两种相对固定在墙面的方式不同,移动式布局的优势在于取放方便、便于添加。如一种形态是在大的板块之下,用挂历本做小的板块,每一本挂历本合起来就是一个问题解决的全部过程。再如另一种形态是用网格呈现主题内容,每个不同的研究小组可将本组共同的研究结果用网格来呈现。

二、主题墙的后续管理

一面丰富的主题墙是一本会说话的书,活动的掠影、孩子的作品、教师的记录、家长的资料收集、主题活动的进程一览无遗。但主题结束之后怎样继续发挥作用?

(一)转移阵地,精彩回放

可将主题墙的一角开辟成"回放区",当主题结束时,教师可将精彩内容张贴到"回放区"。原本平铺式的可以改成折叠式的或者是多面悬挂式的,以节省空间。

(二)制作画册,回顾经验

将墙饰上的作品、照片、记录纸等拆解下来,按序装订成册,写上标题并画上些装饰画,制作好的画册可放在阅读区供幼儿使用。

(三)结合档案,留下痕迹

主题墙创建过程中,会留下相当数量的幼儿学习"影像",教师可从中选择最能代表当前阶段该幼儿学习状态的资料,稍加整理与修饰,置于幼儿的个人成长档案中。

> **建议**
> 1. 主题墙是幼儿学习过程与结果的载体，因此在创设主题墙时，教师应更多地让幼儿参与其中，墙面上尽可能多地呈现幼儿学习的痕迹。
> 2. 主题墙不宜出现太多的文字，倡导图文结合。
> 3. 关注幼儿在主题学习过程中的兴趣点和生成点，适当留白。

第三节　其他环境创设

班级中需要有一些常规设置的特定环境，如：自然角、幼儿作品展示区、自主管理展示牌、气象栏等。幼儿通过与这些小环境的互动，在潜移默化中习得规则意识，发展观察能力，养成自主管理的好习惯。班级空间延展，还可能会涉及部分楼道、角落等，要善于利用上述环境，协同滋养幼儿。

一、自然角

自然角是指在幼儿园的室内、廊沿或活动区开辟一角，做饲养小动物、栽培植物、陈列实验品之用。自然角一般可以分为植物种植区、小动物饲养区、自然小实验区、观赏区等，为幼儿提供观察、管理、记录、实验的机会，增强幼儿科学探究发现的乐趣。

自然角的布置与班级自然角场地有一定关系，场地小的话尽量考虑小型的动植物，场地大的话就可以饲养和种植体积较大的动植物。自然角的布置要和季节相关联，每个季节选择相应的动植物进行饲养、种植、展示。自然角的布置还应考虑尊重幼儿的自然认知经验水平，每个年龄段自然角的布置应有所不同，要让幼儿看得明白，能够激发起他们的好奇心、观察和探究的愿望，从而积累各种自然认知经验。

同时，教师还可依据幼儿的年龄、水平，提供适宜的记录纸、记录本等供幼儿进行记录。

二、家园互动栏

"家园互动栏"的主要功能是让家长能够及时了解幼儿园、班级对孩子教育的要求与做法。一般需要设立在班级教室门口比较显眼的位置，便于家长在教室外浏览。

在材料选择上，建议选择那些可以灵活张贴的软木、KT广告板、吸音板等材料，便于经常更换张贴的内容。在底板制作上力求精致，突出审美性，避免粗糙。

家园互动栏呈现的内容，可以是课程计划的公告张贴、主题教学计划、一周活动安排等，争取家长对主题活动开展的关注、参与和支持；也可以是家庭教养知识宣传，向家长宣传科学的家庭教育、养育、保健等方面的理念和方法，以期达到家园教育理念一致的目的；还可以是家长与教师日常交流的一种载体，比如"悄悄话""我想对你说""温馨便笺""请你来帮忙"等等，以此增进教师与家长之间的信任和情感。

三、幼儿作品展示区

班级中，教师可以寻找一面独立的墙面作为作品展示区，同时也要利用班级中的一些小角落、小面积墙面、顶层空间、家具橱柜等地方，通过张贴、悬挂、摆放等方式展示幼儿各种表现形式的艺术作品。作品展示需要注意以下几点：

1. 高度适宜。作品展示需要顾及幼儿的视线高度，不宜过高。一般以幼儿平视＋＜45°延伸到墙面的高度为宜（从地面算起约150cm及以下）。

2. 作品种类。平面的、立体的；临摹的、原创的；绘画、版画、布艺画、泥塑、剪贴、纸浆塑形、废旧材料DIY手工等等。在美工区，教师要善于引导和鼓励幼儿进行多元化的创作，同时与幼儿、家长一起多收集各种材料，为幼儿的艺术创造提供资源。

3. 展示形式。可以根据某次美术创作的主题对幼儿的作品进行"情境化"的展示，如小班"可爱的小兔"主题，当每个幼儿在纸上画好了小兔子之后，教师可以让幼儿把小兔剪下来，自由地贴到教师事先准备好的一块"大草地"上来，再集体添加一些栅栏、小花小草等，这样就集体创作了一大幅《可爱的小兔》的作品。也可以为每个幼儿准备一个个人展示空间，如作品袋、作品相框、作品盒等。

注意：别把幼儿的美术活动的作品统一张贴在一个墙面上。

四、自主管理展示牌

幼儿在园一日活动过程中，有大量的生活活动和自由游戏时间，教师可以多创设一些支持性的环境，帮助幼儿进行自我管理，发展幼儿自主性。前期教师可以组织幼儿共同商议班级中需要共同遵守的规则，如"进门五件事""自助早点公约""课间我们需要做什么""饭后的约定"等，然后请幼儿将这些讨论后的规则以绘画的形式表现出来，教师略加文字和符号，制作成一个个板牌，在相应的位置进行张贴。还可以展示一些幼儿自我管理的记录，比如：我的喝水记录、我的午睡记录、我的气象记录、我的值日记录等等。

五、气象栏

气象栏的设置旨在引发幼儿对气候的关注和兴趣，还能培养幼儿坚持观察、乐于操作记录、积极分享交流的品质。

小年龄班级的气象栏设置，多通过形象化的气象符号，用连一连、插一插、拨指针的方法进行记录。大年龄班级的气象栏设置，可通过图表化的方式，引导幼儿进行自主记录。大班阶段，教师还可以在记录表旁增添统计表，进一步支持幼儿对天气与人们生活关系的科学发现。

六、楼道环境

楼道可以作为展示幼儿园文化的空间，根据幼儿园的办园理念、发展历史、大型活动回顾等创设相应的系列内容，可以创设如"幼儿园的客人""幼儿园的节日""过去的幼儿园"等环境。

幼儿园的楼道也是介绍幼儿园课程特色的一个窗口，可以根据不同的课程特色设计相应内容的环境。若幼儿园的课程特色是语言教育，那么幼儿园的走廊墙面、吊顶以及楼梯过道都可以有这方面内容的呈现，例如：在一楼走廊及楼道创设"童话人物大集合"，二楼走廊及楼道创设"绘本推荐长廊"，三楼创设"诗情画意秀（古诗欣赏）"等。

幼儿园楼道也是与幼儿、家长互动的平台，可以根据主题活动开展的需要，在楼道创设专题化的内容，如："开心快乐长廊""好习惯长廊""教育名言长廊""安全教育长廊""书画长廊"等等；也可以将走廊的墙面作为幼儿探究、亲子互动的场所，如制作成"触摸墙（感官训练）""拼图墙""涂鸦墙"等。

此外，楼梯拐角所占的空间虽然不大，但是只要用心设计，也能挖掘出环境创设的教育功能和美化功能。如可作为幼儿、家长手工作品展示的区域，作为教师艺术作

品展示的空间,较大的楼梯拐角还可作为幼儿角色区的活动空间等。

建议

1. 合理布局空间

自然角的布局可以开放而多元,不仅仅摆放在一个平面上,而且可以考虑三维空间的有效利用,如可以将一些小型的植物悬挂在空中,可以将自然角设置在靠墙的地方,那么在墙面上就可以放置一些隔板、花架等,用来摆放一些小型植物,使自然角充满立体感和美感。

2. 巧妙选择材料

自然角用来摆放动植物的材料可以是已制作好的,也可以发挥教师的创造性,用一些生活中的废旧材料进行制作。如用竹竿捆扎成篱笆、花架,将大的泡沫箱装饰后作为理想的种植园地,将各种饮料瓶简单加工成形态各异的花瓶,用一张废旧的户外广告布和几块砖头搭建一个生机盎然的鱼池等等。

3. 彼此分工合作

建议幼儿园将楼道、角落进行分块,定下统一主题和要求后,教师们可以按照年级组、学科组或者自由组合等形式,认领一部分场地的环境创设,达成分工合作的有效性。

4. 师幼共同参与

班级中的角落,在创设过程中还可以让幼儿更广泛地参与,商议如何利用角落的功能、材料投放等。以自然角为例,教师可引导幼儿一起讨论种什么、怎么种、种在哪里,同时要充分给予孩子参与管理各个角落的权利。

第四章　家长工作

家长工作应本着尊重、平等、合作的原则，在争取家长的理解、支持和主动参与，并积极支持、帮助家长提高教育能力的理念指导下，结合幼儿园的办园特色和管理理念，不断完善家长工作管理规范，与家长建立融洽、健康的伙伴关系。

第一节　家长管理组织

家长管理组织是班级家长和幼儿园、教师间的沟通桥梁，其主要有幼儿园家长委员会、班级家长委员会、幼儿园膳食管理委员会和家长学校领导小组等。

一、幼儿园家委会和班级家委会

1. 幼儿园家长委员会成员可在班级家委会中推荐产生，在征求家长个人意见后，提交幼儿园行政领导审定。

2. 班级家长委员会成员可由家长自荐、互荐或教师提名推荐产生。班级家委会一般由5—7名家长组成。家委会每年一届，可连任，在孩子毕业后自动卸任。

3. 班级家委会成员采取口头汇报、书面建议等多种形式把家长意见或建议提供给园领导或班级教师，并及时将落实情况反馈给相关家长。

4. 共同策划并参与幼儿园、班级亲子活动等活动,并能积极提供帮助。

5. 每学期召开1—2次工作会议。应有家委会活动计划、小结和活动记录。

二、幼儿园膳食管理委员会

1. 幼儿园膳食管理委员会由园长、后勤负责人、保健医生,教师代表和家长代表共同组成。班级家长代表人员相对固定,代表可自愿报名,可以以学期为单位重新选代表参加。

2. 幼儿园膳食管理委员会的职责:搜集师幼对日常伙食的意见和建议,并能对日常食谱制订的科学性与合理性进行评价。对家长提出的意见和建议,能协助幼儿园对伙食管理提出建设性的方案和建议。

3. 每月一次定期召开幼儿园膳食管理委员会会议,参与对幼儿园食堂卫生的定期检查和工作人员的操作规范的监督。

三、家长学校领导小组

1. 家长学校领导小组由园长、家长代表和教师代表共同组成。

2. 应有完整的教学计划和内容,稳定的讲师团队。

3. 做到期初有计划,期末有总结,指导培训有成效。家长学校通知、学员签到、授课内容、活动记录、照片等资料,在学期结束后及时进行归档整理。

4. 做好学员资料和参与情况记录,每年可根据家长的参与情况评选"优秀学员"。

建议 ♥♥♥♥♥

1. 通过多种形式加强宣传,可鼓励男性家长加入班级家委会,也可吸纳祖辈参加。

2. 可推荐每个班级的家委会主席作为幼儿园家委会的主要成员,家委会主席的产生可通过竞聘演讲或由家委会讨论推选产生。

3. 召开膳食管理委员会会议,可先由食堂负责人员通报当前食堂的伙食管理情况、市场主副食价格的特殊情况、伙食费的使用情况,然后由膳管会其他人员提出师幼、家长对近阶段的伙食情况的反映和要求,最后根据师幼、家长的需求提出伙食整改意见。

第二节　家园沟通方式

家园沟通方式是为了更好地开展班级教育教学工作。家园沟通方式的形式多样，可以是最有效直接的面对面沟通，也可以通过更为便捷、开放互动的网络虚拟沟通。常用的、传统的是文本沟通。

一、面对面沟通

（一）家长会

1. 家长会内容主要包括班级情况分析（含上学期班级工作重点回顾），幼儿本学期在园的主要生活、学习的设计和预期，需家园共同配合的工作，征求家长对班级工作的意见和建议。家长会次数一般每学期1—2次，可以根据班级实际需要和幼儿园要求来决定。

2. 教师须提前在班级迎接家长，做好签到等工作，并积极和早到的家长沟通，请新生家长再次核对登记在册的联系信息是否有更改。会议开始前可播放孩子们的录像或以前的活动照片。

3. 可尝试"体验式"家长会，以游戏形式引入，这种家长会比纯粹的集体开会、分组讨论、个别发言的形式更生动、精彩。如有专题讨论，需预先把话题告知家长，使他们有所准备。

（二）家访

1. 家访主要内容为了解孩子的个性、生活环境，家长的教育理念，重点与家长沟通幼儿园的生活作息、孩子的入园适应性和生活护理等问题，征询家长对幼儿园的要求与希望，建立初步的沟通通道和情感。新生入园必须家访。

2. 可向家长发放《幼儿生活习惯调查问卷》《入园须知》类的表格，以便增加双方的了解。

3. 家访时间需事先预约。教师家访应准时。注意家访的礼貌和细节，不要打听

与幼儿无关的事宜,不要随意进入或参观家长并未邀请的房间。

4. 插班生入园前的家访工作,要求类似新生家访。家长如有特殊情况不便家访或拒绝家访的,班级教师应及时征求园领导的建议,在同意的情况下请家长带孩子来园访问。

❀（三）入户指导

1. 入户指导对象是幼儿园所在社区内未入园的儿童,主要是了解孩子的个性、生活环境及家长的教育理念,并根据计划给予孩子和家长针对性指导。

2. 入户指导须事先了解入户对象的年龄及主要抚养人的情况,并根据指导对象的年龄特点制订针对性的指导计划。

❀（四）家长约谈

1. 家长如有特殊情况不便家访或拒绝家访的,或有教育需要的,教师可约家长来园,询问了解幼儿相关情况,并就幼儿的教育与家长进行沟通。

2. 约谈过程中,教师首先要了解家长对孩子教育的期望和家庭中孩子的表现,详细客观地反映孩子在幼儿园的表现,就孩子的发展和教育与家长进行沟通。

3. 小组约谈：可以将性格及发展水平接近的孩子分组约谈家长,有利于相互沟通与交流。

❀（五）建议

1. 家长会、家访、入户指导和家长约谈都要有计划、有准备、有记录。记录内容：时间、沟通对象和沟通内容。交流结束后及时整理相关资料。

2. 教师的态度要真诚谦和,以表扬和鼓励为主,交流孩子存在的问题时,要客观地陈述幼儿的行为,切忌给孩子贴标签。教师要认真倾听并及时记录家长反映的情况。

3. 教师着装应得体、合适,体现教师形象,避免穿低胸衣服、超短裙、较难穿脱的鞋子。坐姿正确,避免出现不雅的事情。

4. 教师第一次联系新生家长,应先自报单位名称和个人姓名,再询问家长有关情况,需给家长一个家访时间段的选择。家访时间应选择孩子在家的时间,同时需避开孩子午睡、中晚餐等打乱家庭生活作息的时间。家访前应记住孩子的名字、家长的工作、特殊情况(如单亲家庭、孩子的特殊体质)等。

5. 平时幼儿9点后未来园的,教师应主动与家长电话联系,问清原因并做好记录。如有住院等病假情况,应选择合适的时间看望幼儿或电话家访,了解具体情况。如发生安全事故或与家长发生冲突,要在事发当天在园领导的指导下及时家访。

6. 家访和入户指导前须预先和家长确定时间,最好能戴上幼儿园徽标和姓名牌。

二、网络沟通:班级网站、QQ 群、微信群、家讯通

(一)网络沟通的主要形式

1. 班级网站

网站通常设置板块为通知公告栏、学习游戏栏、教育宣传栏、家长 BBS 等栏目,用于发布班级各项活动通知,上传班级幼儿活动照片和视频。

2. QQ 群和微信群

班级 QQ 群和微信群只用于发布班级各项通知,交流育儿经验。QQ 群社区和公告作为班务公开的场所,班级通告、收费通知、班级活动计划、幼儿作息时间等,教师可及时公布在群社区的空间里。在尊重家长意愿的原则下可把幼儿日常学习活动的照片发布到群相册或微信中,便于家长自行下载。这些照片还可整理成幼儿成长档案的内容。

3. 家讯通

家讯通主要用于班级或幼儿园通知的发布。既适用于面向全体家长,也可选中个别家长发布。

(二)建议

1. 进入网站、QQ 群和微信群的家长须采用实名制。网站、QQ 群和微信群可由教师和家长共同担任管理员,教师可对积极参与互动的家长进行奖励。

2. 发布通知时请注意语气和措辞,能使用敬语"您好""谢谢配合"等。发布通知时,注意言简意赅,语句通顺,无错别字。

3. 幼儿园可规定各位教师每月每个栏目的更新任务与要求,在 QQ 群和微信群的沟通中,对于家长提出的要求一定要谨慎回答。尤其是对于提出质疑的家长要引导到小窗进行个别交流。平时要注意舆论的导向,注意说话的立场和语气。

4. 教师不要因为上网和家长沟通而影响日常的带班工作,教师可预先告知家长,由于工作关系,不能对家长在网络中的谈话及时进行回应,以免引起家长误解。

5. 带班结束后教师要及时浏览,尤其是家长的互动交流内容,及时了解家长对班级的需求,解答家长提出的问题,发现疑难问题及时向园部报告。

6. 对电脑和智能手机不熟悉的家长,教师可适当辅导,便于家长参与。

三、文本沟通：家园联系栏、家园联系册、幼儿成长档案

（一）家长宣传栏

1. 一般包括通知、计划、育儿宣传三大板块内容。

2. 通知撰写要求按照一定的格式，有称谓，有落款，有时间。相关活动完成后，要及时撤换。通知一般采用四号字体。

3. 一周班级教育教学计划，要求周五下午幼儿离园后或者周一来园前及时更新。

4. 育儿宣传板块的内容一般一月更新1—2次，内容要适合本班幼儿的年龄特点，并能结合一定的时令。

（二）家园联系册和幼儿成长档案

1. 家园联系册和幼儿成长档案，一般包括幼儿基本情况、幼儿生长发育情况（身高、体重、视力）、幼儿作品和幼儿活动照片等内容，可由教师和家长共同配合完成。

2. 幼儿基本情况记录需完整，可请家长协助完成，包括幼儿的姓名（包括小名）、生活习惯、兴趣爱好等内容。可附上幼儿的生活照片和全家福。每学期开学初或学期结束也可拍摄一张班级的集体照放入成长册。

3. 每个月为家长提供1—2张幼儿在园的学习、生活或作品照片，并加上简单的文字说明，教师也可对孩子一个月的表现做简单评价，向家长反馈，也可委婉地提出孩子身上存在的一些不好的习惯，提出希望家长配合教育的若干建议，并可请家长做出相应的反馈。

4. 幼儿成长档案可一学期或一学年一本，便于保存。

（三）建议

1. 文字可打印，避免错别字和病句。如手写，要求字迹工整。

2. 家园联系册侧重于教师和家长之间的沟通，幼儿成长档案以幼儿活动的过程和作品记录为主，如果幼儿的作品无法在幼儿成长册中呈现，也可以幼儿作品袋的方式统一收集，每次作品最好标明姓名和完成的时间。幼儿园也可以两者之间选择一种。

第三节 家长参与形式

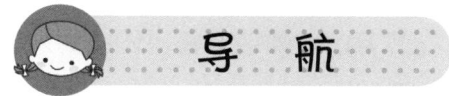

家长参与是促进家园互动的契机,可以让家长接受家庭教育理论的系统学习,也能客观地观察到孩子在群体中真实的活动表现。家长参与的主要形式有家长学校、家长志愿者、家长开放日活动、亲子活动等。

一、家长学校

❀(一)家长学校管理

1. 成立领导小组,由园长、家长代表和教师代表共同组成。

2. 应有完整的教学计划和内容,有稳定的讲师团队。

3. 做到期初有计划,期末有总结,指导培训有成效。家长学校通知、学员签到、授课内容、活动记录、照片等资料,学期结束后及时进行归档整理。

4. 做好学员资料和参与情况记录,每年可根据家长的参与情况,评选"优秀学员"。

❀(二)家长学校的主要形式

1. 专家讲座

邀请专家根据计划,围绕相关内容进行专题讲座。

2. 家长沙龙

沙龙根据中心话题展开,重在活动的参与性和互动性。沙龙可由主持人通过提问的方式来引导家长发言,并注意把握现场的讨论内容,以免家长因为讨论过于热烈而偏离沙龙主题。教师可在沙龙开始前组织一些小游戏,有利于营造宽松活跃的气氛。

3. 家长辩论会

选择容易引起家长分歧的观点作为辩题,通过辩论的方式,帮助家长基本形成共识。辩论分正方和反方,可由家长自由选择,也可抽签决定,正方和反方各有四名家长代表参加。辩论会由主持人宣布辩论题,正反双方派代表阐述观点(各三分钟)。第二环节双方自由辩论,集体参与,现场其他家长也可参与。最后由双方进行总结发

言(各2分钟)。

4. 家教知识竞赛

竞赛重在激发家长的参与兴趣,丰富家教理论知识。竞赛可根据家长人数分成若干小组,答题由必答题、抢答题等多种形式组成。竞赛可由教师或家长担任主持人,赛前需介绍比赛规则,赛后可根据成绩发若干奖项以资鼓励。

5. 家教经验分享

家教经验分享能通过家长的互相影响,提高家庭教育指导能力。教师可先进行家教经验的文本搜集,并与初步入选的家长进行沟通,做进一步的修改,最后在全班分享交流或推荐参加全园的分享交流。教师应选择理念较先进、指导有实效,并能用普通话清晰流利表达的家长参加现场分享,其他参与的家长的文本可在家长宣传园地或以汇编的形式进行分享。

(三)建议

1. 家长学校的时间和内容应通过多种方式提早一个星期通知家长,以便家长做好时间的安排。家长学校可以以班级为单位,也可以以年级组为单位,或全园性开展活动。

2. 讲师可由园长、有专长的骨干教师和家长担任,也可聘请相关的家庭教育专家、妇幼保健院的儿保医生、其他行业的专家(如小学低段优秀教师、牙科医生、营养师等)。

3. 家长学校可进行家长需求调查,根据不同年龄段的家长需求,提供培训菜单供家长选择,开展针对性的家教指导。

4. 沙龙、辩论会、竞赛及经验分享的主题应及早告知家长,便于家长有准备地参与。活动的主持人由教师或家长担任均可。

二、家长开放日

(一)要求

1. 提前一周书面通知家长,也要及时通知近几日未来园的幼儿家长。在活动的前一天,再次口头邀请家长来园参加活动。

2. 注意保教人员之间的配合,认真准备家长开放日的每一个环节,充分准备教学活动的教具和幼儿学习材料,有必要对集体教学进行试讲或试教活动。教师可以创设一定的教学环节,让家长和幼儿进行互动。

3. 请家长签到,发给每一个家长《家长开放日活动反馈表》。事先为家长准备好椅子。在教室的家园栏或其他醒目处贴上家长开放日活动的安排表。教师用简短的时间与家长进行沟通，介绍家长开放日的活动安排、希望家长配合的环节，及幼儿可能出现的各种情况等。

4. 请家长填写好反馈表，及时上交。离园时请幼儿和家长说再见。

❀（二）建议

1. 家长开放日的计划要注意教育的衔接、年龄的阶段性、班级的个别性、活动的季节性等，计划中要注意活动的动静交替、活动的场地和天气的因素等。

2. 家长开放日活动要注意安全。在每一个活动日前，教师要提出明确的安全要求。活动时要考虑到每个孩子的发展，照顾到每个幼儿，让他们都有一定的表现机会。

3. 家长开放日活动一般安排半天时间，从晨间来园到中餐结束，要按照幼儿园日常的作息时间开展活动，切忌因家长到来而随意改变作息时间或延长学习时间。

4. 整理好幼儿的个人档案和各类作品等，方便家长阅览。可以和孩子们一起做好迎接家长来园的准备工作，如开展谈话、布置教室、整理环境等。

5. 家长开放日可以采用观摩活动、家长助教、展示活动、亲子活动、年级组活动、庆典活动等多种形式。

三、家长志愿者

❀（一）家长志愿者的工作

1. 家长助教。定期联系不同职业的家长志愿者（如医生、警察、消防员等），指导幼儿了解各行各业的工作；也可以根据家长的兴趣，将太极拳、篮球等特长带到幼儿的学习体验中来。

2. 家长义工。根据幼儿园或班级的活动需要，家长自愿来幼儿园为幼儿开展服务，如为孩子讲故事，与孩子、老师一起布置节日环境等。

3. 家长讲师团。对有能力开展育儿经验、安全教育等讲座的家长资源进行统筹安排，在班级讲座的基础上推荐到全年级或全园讲座，讲课可采用多种形式。

4. 家长护苗队。在幼儿入园、离园时，组织家长协助幼儿园对幼儿园门口的车辆等进行组织疏散，提醒车辆按停车标识文明停放，接送幼儿进入园区等。

❀（二）家长志愿者的征集和管理

1. 通过调查研究的方式来招募家长志愿者，整理家长志愿者的兴趣爱好、才能和合适参加志愿者工作的时间，并根据班级活动需要，征集家长志愿者参与各类活动。

2. 幼儿园可以在征得家长同意的情况下建立"家长志愿者资源库"，实现家长志

愿者信息的全园共享。

3. 引导家长志愿者选择合适的工作,在幼儿园层面上或在班级层面上做志愿者,园长和教师应给予他们一定的指导,以便更好地开展工作。

4. 为激发家长志愿者的参与热情,可采用多种形式答谢家长,如颁发证书、写感谢信,举办晚会和野餐,在网络和媒体报纸杂志上宣传他们的事迹等。

(三)建议

1. 就家长志愿者征集、指导和激励的相关内容制订方便有效的操作程序与规定,使相关工作有章可循。

2. 幼儿园要积极宣传做家长志愿者的责任和机会,引导班级家长委员会成员带头报名成为幼儿园的志愿者,祖辈也可以成为家长志愿者。

四、亲子活动

(一)要求

1. 亲子活动由家委会策划,教师可就活动内容和地点提供合理化建议。

2. 提早确定亲子活动时间,明确活动内容,并预先告知家长,以便家长提前做出安排,参加活动。

3. 可通过家讯通、QQ群、微信群和家宣栏等多种方式发布活动通知,确保每个家长都能收到通知。

4. 亲子活动如需用到车辆,以集体租车为宜,并须与旅行社签好用车合同和人身保险,注意车辆必须手续齐全(营运证等)。外出亲子活动,不建议在外集体用餐,家长自带更为安全卫生和便利。

(二)建议

1. 亲子活动可由家委会组织,也可以由幼儿园、年级组或班级自行组织。活动一般由班级的家委会向幼儿园提出书面申请,经班级教师同意和园长签字后才能向班级家长发出邀请。参加活动的都要以有幼儿家长签字的回执单为准。

2. 亲子活动内容要适合家长参与,以游戏性、娱乐性为主,并能体现一定的教育价值。亲子活动的设计要注意安全性。活动前要踩点,做好安全预案。

3. 亲子活动要确保家长的参与性,以集体参与为主,并兼顾到每个孩子。亲子活动一般邀请父母参加,如果祖辈参加,有些激烈性的活动不建议参与。

第五章　生活活动

> 　　幼儿园的生活活动包括如厕、盥洗、进餐、饮水、午睡等环节。生活活动对幼儿的发展具有重要的意义,是幼儿园课程实施过程中不可缺少的重要组成部分,保教人员要遵循整合化、游戏化等原则,关注幼儿个体差异及心理保健工作,使之养成良好的生活卫生习惯,促进幼儿身心全面和谐发展。

第一节　如厕　盥洗

　　如厕是每个人最基本的生理需求,是幼儿在园一个重要的生活环节,涉及的教育要素主要有习惯、健康、情绪、自我意识和自我保护等。保教人员应帮助幼儿树立自主如厕的意识,从幼儿身心和谐发展的角度出发,逐步养成幼儿自主如厕的好习惯。

　　盥洗是幼儿在园的一项重要的生活活动,主要包括洗手、漱口等。幼儿园要有效利用幼儿盥洗的时机,让他们懂得盥洗的重要性,喜欢参加盥洗活动,掌握正确的盥洗方法,养成良好的卫生习惯。

操作要点

一、轻松如厕

1. 满足如厕需求。引导幼儿能及时表达在一日活动中正常的如厕需求,有便意时及时如厕。厕所经常开窗通风,保持整洁干燥无异味,保教人员要提供便于幼儿自取的便纸,并安放纸篓。可以制作如厕示意图,帮助幼儿有序如厕,营造宽松、安全、私密的如厕氛围和空间。

2. 养成如厕习惯。帮助幼儿学会如厕的基本方法,学习自己脱、系裤子及便后的清理工作,懂得便后要擦拭、整理衣裤,引导幼儿按需取纸、手纸入桶,并及时冲厕所和洗手,保持环境卫生和自身的干净,逐步养成自主如厕的习惯。保教人员全程观察小班幼儿的如厕过程,鼓励其正确如厕。注意正确使用手纸,女孩手纸从前向后擦拭。

3. 照顾特殊儿童。对于个别特殊幼儿,保教人员要及时清理,用温水擦拭其身体、更换衣裤,且做好安抚工作,同时向家长反馈幼儿的如厕情况,家园共同帮助幼儿养成良好的如厕习惯。

二、趣味盥洗

1. 合理组织盥洗。合理安排盥洗的时间和组织方式,教育幼儿要文明盥洗,要求幼儿在盥洗室不玩水、不嬉戏、不推挤。引导幼儿掌握正确的盥洗(洗手、漱口等)方法,懂得盥洗对身体健康的重要性。

2. 养成盥洗习惯。帮助幼儿养成饭前便后、手脏时洗手的良好习惯,学习用"七步法"(挽袖、湿手、抹肥皂、搓手的各个部位、冲水、甩水、擦干)有序洗手。引导幼儿用自己的毛巾,正确擦手,在秋冬季节,帮助幼儿涂抹护手霜、护肤霜等。提醒幼儿洗手时要节约用水,培养自主洗手的文明习惯。

3. 鼓励学习漱口。学习正确的漱口方法,指导幼儿轻轻拿口杯,将漱口水含在嘴里鼓漱3—5次后吐到水槽内,不咽水,漱后放回杯子。教育幼儿要保持口腔的清洁,懂得漱口的好处。

建议

1. 盥洗室的环境创设材料要注意防潮,可放置防滑垫,张贴安全提示,设置排队等待的标识等。

2. 要创设家庭式轻松如厕盥洗的氛围,放置幼儿洗手的"七步法"演示图,使幼儿既懂得正确的如厕盥洗方法,又能保护自己的身体,享受文明生活的乐趣。

第二节　进餐　饮水

幼儿餐点是幼儿一日活动的重要环节,拥有良好的就餐习惯及愉悦的就餐情绪,是促进幼儿身心健康发展的必备条件。针对幼儿年龄特点及身心发展规律,合理安排进餐时间,引导幼儿养成良好饮食习惯和文明进餐方式。

喝水是幼儿生命成长的关键问题,饮水量、饮水方法对正在成长的幼儿非常重要。引导幼儿科学喝水,把"要我喝水"转为"我要喝水",养成适时适量饮水的良好习惯,使幼儿更健康。

一、温馨餐点

1. 做好餐前准备。科学安排进餐前后的过渡环节,不做剧烈运动。帮助幼儿有序做好餐前如厕、洗手活动。创设轻松愉悦的进餐氛围,做好幼儿餐前准备与菜品介绍工作,激发幼儿进餐欲望。要鼓励中、大班幼儿自主有序地取饭菜,学习自我服务和为他人服务。

2. 指导幼儿用餐。鼓励幼儿吃各种食物并能吃完自己的那份饭菜。学习使用小

勺(中、大班学习使用筷子)进餐,关注幼儿不同食量,引导幼儿自主添加饭菜。指导幼儿用餐后将餐具分类摆放,整理桌面,学习饭后擦嘴、洗手、漱口的正确方法。提醒幼儿餐后自主选择安静的区域活动,组织幼儿餐后散步、户外观察和自由活动。

3. 关注个别教育。密切关注特殊幼儿进餐情况,关注生病、有食物过敏史的幼儿和肥胖儿、体弱儿以及少数民族幼儿的进餐情况,适当调整食物搭配。对于个别汤泡饭现象要及时纠正。定期向家长反馈幼儿进餐情况,并提出有针对性的意见和建议。

二、科学喝水

1. 创设喝水环境。为幼儿准备温度适宜的白开水(30℃左右),在适宜的情境下(如户外活动之前后、午休后等)及时组织幼儿喝水。为幼儿的水杯制作不同的标记。用标识或图案划分等待区、接水区、喝水区,设计有趣的喝水评价栏。

2. 引导有序喝水。鼓励幼儿每天在园大约喝水600ml(5—6杯),特殊情况时,如身体不适、运动后出汗过多、天气炎热等,适当增加喝水量。提醒幼儿有序喝水,做到不推挤、不洒水,养成适时适量饮水的良好习惯。

3. 关注个别教育。根据不同幼儿的需求、运动等情况及时提醒喝水,帮助幼儿了解喝水与身体健康之间的关系,向家长反馈幼儿在园的喝水情况,倡议家长在清晨起床后、晚上睡觉前半小时提醒幼儿适量喝水。

建议 ♥♥♥♥♥

1. 要求一致。班级保教人员三位一体,帮助幼儿养成良好的进餐和喝水习惯,做到安静、"四净"(盘子、桌子、衣服、地面干净)。幼儿经常会忘记喝水,保教人员要及时提醒,积极引导。

2. 用心观察。保教人员要关注个别幼儿的进餐、喝水情况,引导他们及时增添饭菜,提醒幼儿及时喝水。

3. 家园共育。家园达成教育共识,使幼儿逐步养成独立进餐、多喝白开水的良好习惯。

第五章 生活活动

第三节 午睡管理

午睡是幼儿一日生活中非常重要的环节。良好的午睡可以让幼儿放松身心,有利于疲劳缓解和身体健康。幼儿园安排每天2小时左右的午睡时间,不仅可以满足幼儿生长的需要,更能帮助他们形成自我服务意识,增强独立性。因此,保教人员要有效地组织午睡环节,帮助幼儿养成良好的午睡习惯,促进身体各机能的发展。

一、睡前环节

1. 鼓励独立午睡。做好睡前准备,拉好窗帘,调节好室温、光线,营造温馨的午睡环境。幼儿上床前,将其随身携带的小物件(皮筋、发夹等)集中摆放,避免发生意外。指导幼儿睡前如厕、洗手,脱换衣裤鞋,并放在指定位置,动作紧凑,避免着凉,教师播放轻柔的音乐及优美的文学作品等,使幼儿感受午睡带来的舒适感和放松感。

2. 培养午睡习惯。指导幼儿穿脱衣裤、鞋袜,并摆放在固定位置,上床后盖好被子,保持安静,尽快入睡。引导幼儿右侧卧或仰卧入睡,保持正确睡姿,培养幼儿的自我管理能力。

3. 关注个别教育。对个别哭闹厉害、入睡困难或者有恋物习惯的幼儿,教师用多种方法安抚情绪,也可采取陪伴、延缓上床的方式,逐步改善其不良的午睡习惯。

二、睡中环节

1. 及时巡查午睡。坚持做好每15分钟一次的巡查工作,并及时做好午睡记录反映幼儿情绪状况,如是否有咳嗽、流鼻血、睡眠异常等,便于离园时及时向家长反馈情况,引起重视。教育幼儿有便意、身体不适或发现同伴有异常情况时及时告诉保教人员。提醒常尿床的幼儿如厕,发现尿床及时换洗、晾晒寝具。保教人员的注意力要集中,动作轻柔,说话轻声,不离岗、不会客、不睡觉等。

2. 关注午睡环境。午睡室要适当开窗通风,保持寝室内空气新鲜,避免对流风吹

在幼儿身上。夏天酷热时可使用空调,室温保持在 23—26℃,冬季严寒时室温保持在 18℃ 左右。午睡时间一般应达到 2 小时左右,可根据幼儿的年龄、季节的变化和个体差异适当增减。

3. 关注特殊儿童。个别幼儿做噩梦时,教师要抚慰或者帮其调整睡姿,使其恢复平静继续入睡。对幼儿出现高烧、惊厥、腹痛等紧急情况,要及时通知保健医生或相关人员,立即采取恰当的方式处理,并带幼儿去医院就诊。

三、睡后环节

1. 关注弹性午睡。幼儿起床时间可以根据季节、年龄等及时调整,实行弹性午睡。起床时播放轻松欢快的音乐,组织幼儿按时起床,可做 3 分钟左右的起床苏醒操,唤醒幼儿身心。教师全面观察幼儿的精神状态,发现异常,及时关注、抚慰。不要强制唤醒幼儿,尤其是小班的孩子,可以根据个体差异早睡晚起,或晚睡早起。

2. 指导整理衣物。指导和帮助小班幼儿穿好衣服,掌握穿衣顺序。教师检查幼儿衣服穿戴是否整齐、鞋子是否穿反,并帮助调整。指导中、大班幼儿独立有序地穿好衣服、鞋袜等,帮助幼儿学习梳头发、系鞋带,指导幼儿学习整理床铺。

3. 做好生活服务。起床后开窗通风,整理床铺,保持寝室整洁、美观,提醒幼儿如厕、盥洗、喝水等。将起床后发现的特殊情况及时补充到午睡巡视记录表中。

> **建议** ♥♥♥♥♥
>
> 1. 适宜空间
>
> 应注重适宜的室温、采光和通风,光线过暗不宜教师观察,过亮不宜幼儿入睡;夏冬季应合理使用空调,避免教室与寝室过大的温差;应根据气温及时调整被褥,每日利用紫外线灯正确消毒;有条件的定时晒被褥。
>
> 2. 温馨装饰
>
> 合理布局床位,有条件的话可进行墙壁粉刷或用线帘、墙贴等进行装饰,宜用浅色(粉色、淡蓝色)等,为幼儿创设温馨、舒心的空间环境。
>
> 3. 安心氛围
>
> 保教人员言行要温柔,切忌喧哗与训斥;可在入睡前播放轻柔音乐助眠。

第六章　体育锻炼

> 幼儿园体育锻炼要求教师从幼儿的实际能力、体质、兴趣等方面出发，创设丰富有趣的运动场景、提供适宜有层次的材料、营造积极向上的运动氛围，为幼儿主动学习提供更为广阔的空间，从而帮助幼儿喜欢运动、形成运动意识，养成运动习惯。包括幼儿操节活动、规则性体育游戏、自主体育活动等。

第一节　操节活动

导　航

操节活动以徒手或借助器械操练为手段，以增强幼儿体质、促进身体全面发展为主要目的，是提高幼儿身体健康的重要途径。在春秋季和气温较高的夏季，操节可安排在晨间，称为早操。而在气温较低的冬季，则把操节安排在第一个活动与第二个活动之间，即为课间操。午睡起床后为调节幼儿的身体机能，还可安排苏醒操。操节的类型一般有徒手操、模仿操、轻器械操等。

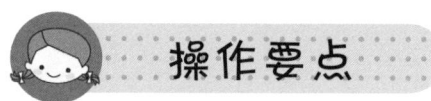

一、室外操节

(一)内容结构

操节内容	具体操作
热身运动	形式：走步、跑步、简单的走跑交替。
队列队形练习	1. 常用的队列有：立正、稍息、原地踏步走、齐步走、立定、向前看齐、向左（右）看齐等。 2. 常用的队形有：排成一路纵队、排成多路纵队、排成圆形或半圆形队形、排成分散队形（在一定范围内分散站立）等。
操节	小班：以模仿操为主，辅以徒手操； 中班：以徒手操为主，辅以模仿操和轻器械操； 大班：以轻器械操为主，辅以徒手操和模仿操。
歌舞表演	包括律动、唱歌表演和舞蹈。这些内容的设计要做到简单大方，以有一定的强度为宜，刚柔并济，切忌从成人的角度去设计动作。
体育游戏	也可以适当选择一些运动量大、情节简单的音乐游戏。
放松活动	做些放松动作，要求幼儿边做边呼吸，使幼儿心率逐步恢复正常，让幼儿在愉快轻松的气氛中逐渐放松。

(二)时间分配

小班：8—10分钟；中班：10—12分钟；大班：12—15分钟。

(三)创编原则

1.音乐选取广泛

操节音乐选择范围可以大一些。如：幼儿喜爱的动画片的主题曲、动漫电影里的音乐、少儿节目歌曲和音乐等。只要歌曲内容健康向上、曲风明快、节奏鲜明、富有童趣，都可以成为备选的操节音乐。

2.编排设计科学

(1)遵循年龄特点：小班幼儿操节宜简单易学，动作少而重复，可以编排一些小动物模仿操及日常生活动作模仿操等。中班幼儿有一定的队列队形概念，可以创编一些有简单的队列变化和富有儿童情趣的操节。大班幼儿可创编一些富有艺术性的操节，增加动作的变化，主要有：动作方向上的变化（前后、左右等）、幼儿分组与小组配合的各种变化、幼儿集中活动与分散活动的交互变化等。

(2)顺应季节调整：编排要根据季节变化进行调整，如春秋季气温适宜，幼儿感觉舒适，各种动作的操节都适宜开展；冬天寒冷，跑、跳等剧烈运动能让幼儿身体温暖，操节运动量可大些；夏天炎热，操节应编排以走、平衡、基本体操为主的活动，不宜编排太剧烈的跑跳运动，以免加重幼儿的身体负担。

3. 器械合理利用：器械的选择不仅要多种多样、凸显创意，还可体现地方特色和园本特色。另外，器械要符合卫生和安全要求，要具有一物多玩的功能，要考虑器械是否有利于幼儿动作的发展，要避免因为使用了器械而限制某些动作要素和运动量。

二、室内操节

当碰上恶劣或雨雪天气时，应合理利用室内场地，有效地开展操节活动。

室内操节编排要立足于室内这一客观现实条件，与室外操节有所区别，在创编上要综合考虑各方面的变化。

（一）考虑场地限制

编排室内操节时，一方面要充分遵循操节活动量原则，另一方面要注意到场地限制，减少做操时的方位移动，增加原地跳、跑、侧伸腿等动作。同时，根据室内场地的大小，适当穿插游戏类律动，如开火车、照镜子等随音乐做动作又不乏互动的游戏，以充分调动在特殊天气时幼儿的做操兴趣。

（二）利用室内资源

将室内丰富的物质资源，作为操节活动时的轻器械，如活动区内的自制沙锤，可作为小年龄孩子的器械，随着音乐旋律敲击出各种节奏，实现锻炼身体各部位的目的。再如，小椅子可作为中、大班孩子的椅子操器材，幼儿可围着自己的椅子变换各种动作，也可与同伴交换、与椅子充分互动，增加室内操节的动态性与趣味性。

三、苏醒操

午睡起床前，幼儿在柔和的音乐里，在教师的带领下做一套苏醒操，有助于下午的游戏与学习活动的顺利开展。

（一）音乐选择

音乐要好听、舒适，遵循舒缓 — 动感 — 舒缓的规律。音乐以节奏适中的优美乐曲为佳，避免节奏起伏过大或过小，比如轻音乐《忧伤还是快乐》《雪绒花》《虫儿飞》和古筝曲《渔舟唱晚》等。

（二）动作编排

中、大班的孩子相对动作较丰富一些，幅度稍大一些，同时还可以自由地舞动身体，也可以和好朋友三五成群、两两结伴自由舞动。而小班的孩子动作应相对柔和，

幅度也相对较小,可以在教师的带领下,进行情境化的趣味表演等。

例:中、大班苏醒操

第一部分

预备:掀开被子,手脚自然伸直,平躺。

1. 匀速深呼吸。

2. 手臂轻轻抬起,压腕放下,双手交叉。

3. 慢慢抬腿,放下,双腿交替进行。

4. 俯卧,上身撑起,抬头,双脚向后翘起自由拍打。

第二部分

预备:坐位,伸腿绷脚,双手撑于体侧。

1. 头部向左右转动,各两周。

2. 双手按摩脸部、头部。

3. 指端叩击头部,同时上下牙互相叩击。

4. 抚摩腿部,从大腿到脚趾。

5. 扩胸,手臂从体前交叉绕一大圈后结束,然后在音乐的伴奏下愉快地穿衣叠被,离开午睡室。

> **建议** ♥♥♥♥♥
>
> 在操节编排上,教师要贴近幼儿生活,善于发现幼儿感兴趣的事物,结合幼儿生活情趣进行编排。同时,操节要避免"舞蹈化",切忌"律动等同于操节"的做法,动作编排不能弱化其"锻炼"功能,无论是模仿动作还是扩展动作,均应该有一定的适宜的运动强度和运动量。

第二节 规则性体育游戏

规则性体育游戏是依据幼儿年龄特点和身心发展水平，将基本动作与规则要求融于游戏情境中的一种集体性体育游戏活动。规则性体育游戏具有趣味性、情境性、竞赛性等特点。

一、室外规则性体育游戏

（一）游戏规则要确定适宜

适宜的游戏规则是保证体育游戏科学、有趣、富有教育意义的前提。教师应根据幼儿的年龄特点和个体差异确定不同层次的活动要求，以满足不同水平幼儿的发展需要。

（二）游戏规则要准确传达

1. 游戏前介绍游戏规则

游戏前，教师要用简明生动的语言介绍游戏规则，包括游戏目标、行为方式、活动顺序、活动范围等。如中班游戏《不倒的拖把》的规则要素是：活动目标（让拖把杆不倒）、行为方式（跑过去扶住拖把）、活动顺序（在说完"×××快来接"之后迅速松开手，跑回到圈上；被喊到名字的幼儿从圈上迅速跑到圆心扶住拖把杆）、活动范围（圆心、圈上）。

2. 游戏后总结游戏规则

一般情况下，教师介绍游戏活动主要的、外显性的规则，而一些内隐性规则可通过幼儿自己观察与归纳，体会规则的重要性。如中班游戏《不倒的拖把》，有些幼儿容易走到圈内去，而有的幼儿却一直站在圈上，教师可以引导幼儿自己观察发现这一现象，并且知道"站在圈上"才是符合游戏规则的正确行为。

3. 采用不同方法讲解规则

依据幼儿年龄特点，小班可采用讲解、示范相结合的方法，可在游戏中逐步提出规则；中班还需示范与讲解，并在游戏中检查玩法掌握和规则执行的情况；大班以语言讲解为主，让幼儿尝试独立玩游戏，并对结果进行评价。

❀（三）组织游戏要富有层次

1. 改变游戏材料，增加游戏难度

通过改变游戏材料增加游戏的难度。如中班游戏《脚碰角》，教师为幼儿提供了八边形、六边形、四边形、三角形四种图形。游戏规则是当幼儿听到教师发出的信号后，迅速用脚去碰图形的一个角。在幼儿数量不变的情况下，图形角的数量递减，使游戏的难度逐渐增加，增加游戏的层次性和趣味性。

2. 调整游戏规则，提高游戏挑战性

通过调整游戏规则增加游戏的挑战性。如小班游戏《碰碰车》，第一次是随意"碰"，没有任何限制。等幼儿熟悉游戏规则后，教师逐渐改变游戏规则，分别进行"碰相同颜色的车""碰不同颜色的车"，增加游戏趣味性和挑战性。

3. 增加竞赛环节，激发挑战欲望

在集体规则性游戏的结束阶段，也可适当加入竞赛环节，激发幼儿参与活动的积极性，增强幼儿的竞争意识和竞技能力，发展幼儿的团队意识。竞赛游戏适合在游戏熟练以后在中、大班进行。

二、室内规则性体育游戏

室内规则性体育游戏是户外体育游戏的一种补充，以弥补因户外天气不好或场地条件的局限造成的不足，达到锻炼的目的。

❀（一）因地制宜设计游戏

根据室内场地的特征设计游戏，如小场地应该设计原地性质的游戏，同时要以活动量小的游戏作为室内游戏的主要内容。设定的规则要有所指向，以免发生伤害事故，如跑动的线路要做好标识等。

❀（二）删减替换改变游戏

1. 游戏目标重新定位：即沿用原体育游戏中的玩法或规则，并适当进行改变，使之成为适合室内开展的体育游戏。如小班游戏《追泡泡》，教师将原规则中四散追逐跑的玩法替换为蹲下静止玩法。这种蹲下的玩法对室内场地的局限做了适时的弥补，同时也让孩子感受到动静之间的变化乐趣，而且有效地避免孩子因追逐跑而引起的相互碰撞。

2. 组织形式重新调整：将原本适合室外的游戏转换为室内游戏。如：室外是集体的,室内就要变成分组的;室外是松散型组织,室内变成紧密型等。如游戏《捕鱼》,教师对游戏组织形式进行了改变,原先是幼儿鱼贯穿过渔网,组织相对松散,而现在考虑到室内场地的限制,让扮小鱼的幼儿围成一个大圈钻渔网,这种围圈方式避免孩子相互推挤、碰撞带来的危险,使幼儿更加有序地在室内活动。

建议 ♥♥♥♥♥

1. 教师要深入了解幼儿在体育游戏中的各种需要及兴趣,在设计活动时要多挖掘生活素材和贴近幼儿的元素,如动画、喜剧、传统文化素材、地方特色素材,筛选出适合室内、室外体育游戏特征的内容。

2. 教师要关注幼儿游戏的进度,当原先规定的游戏规则无法满足幼儿现有的游戏需要时,可逐步提升或改变游戏规则,为幼儿的游戏搭建更好的平台。

第三节 自主体育活动

自主体育活动是教师根据幼儿的年龄特点设置多个运动区域,幼儿根据自己的兴趣爱好、实际运动能力自主选择活动区域,自由选择玩伴、活动内容和形式。

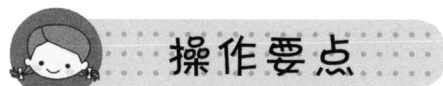

一、室外自主体育活动

（一）合理规划活动区域

幼儿园要综合考虑周围的环境设施,进行全面的规划和合理的布局。可分别从幼儿动作、器械材料、情境主题等途径去设置,如下表:

设置途径	运动区域举例	设置要点
幼儿动作	投掷区、走跑区、攀爬区、跳跃区、平衡区、钻爬区等	考虑幼儿动作发展的均衡性,如既有右手活动,也有左手锻炼;既有上肢活动,也有下肢锻炼等
器械材料	球类区、绳类区、圈类区、棍棒区、轮胎区、骑车区等	提供种类多样、数量充足的材料,要考虑材料的一物多玩与年龄适宜性
情境主题	《我是解放军》情境主题中包含"穿越封锁线""勇闯鳄鱼潭""轰炸堡垒""拯救伤病员"几个区域的活动内容	围绕主题,各区域设置不同的游戏情境,情境之间要有一定的联系,且每个活动区对幼儿的发展作用是综合的

✿(二)有效实施活动过程

1. 活动形式"多样"

(1)年段共享——运动大联盟

以年段为单位,打破班级界限,结合健康领域目标、内容与要求,根据幼儿的年龄特点、体育活动中的身体素质和运动能力设计主题。运动区在空间设置上区区相邻,区域间设置与区域风格一致的隔离带,便于幼儿识别各区域的运动范围。

(2)异龄分享——帮带促运动

以两个相近的年龄段混合为宜,如中、大班混龄和小、中班混龄,年龄相仿的孩子运动兴趣、运动能力、运动经验及思维方式相对比较接近,这样便于运动区域的环境创设和材料提供,便于活动过程中幼儿的互帮互动。在实施过程中,教师要考虑混龄孩子之间存在的明显差异,在环境创设与材料提供上要多样化,在难度变化上讲究层次性。

2. 运动过程"自主"

各运动区域要提前展示运动提示或海报,且以图文并茂的形式标示出各区域的运动游戏名称、运动目标、具体玩法和情境设置等,以便幼儿了解所有运动游戏,为孩子自主预选运动区做好准备。我们可将自主体育活动的流程设为以下四个环节:

自由结伴 ——→ 自主选区 ——→ 合作体验 ——→ 分享评价

二、室内自主体育活动

✿(一)挖掘室内三维空间

分析现有适合运动的室内空间,因地制宜充分挖掘三维空间,努力实现室内空间利用价值的最大化。

1. 高空游戏:各种彩色绳索、渔网从天花板上悬挂下来,形成空中游戏区。例如,跳一跳能摘到果子,顶一顶能让球从天而降,拍一拍击中悬挂的小球等,吸引并激发幼儿兴趣,同时锻炼幼儿纵向的跳跃、身体平衡、手眼协调能力及四肢力量。

2. **墙面游戏**：在走廊的墙面挂上张大嘴巴的动物、靶子,供幼儿开展投掷练习。在墙面低处可以利用隐形挂钩,悬挂飞镖盘、羽毛球拍、带绳的软足球等小型器械,便于幼儿取放,也可设计攀登用的绳梯、绳结等,形成一个半固定的体育运动材料,锻炼幼儿手臂、腿等部位。

3. **楼梯游戏**：环形楼梯、折形楼梯在幼儿园较为常见,教师可利用上下楼梯进行一些情景创设,对上下层的扶梯进行材料的投放,让幼儿在楼梯上的锻炼变得丰富多彩。

4. **栏杆游戏**：利用走廊两边的栏杆和墙面挂钩,可布置幼儿喜爱的钻爬游乐场所。如,用渔网创设钻爬游戏的场景,用各种交叉弹力绳开展穿越红外线游戏,发展机体钻爬、平衡和控制能力。

5. **地面游戏**：在楼道地面设计各种几何图形、数字、线条、标识等,开展走、跳、平衡游戏。如,幼儿沿地面曲线赶小猪(按路线控球前进)、跳房子(根据数字大小单脚踢沙包前进)、数字连连看(根据数字不同摆放位置形成折线的路径开展跳跃)等活动,发展走、跳、机体协调的能力。

室内自主体育活动举例

游戏名称	适用年龄	游戏玩法	体能发展	空间利用
喂食	小班	1. 在纸箱上贴上小动物的形象,分别摆放在不同高度的楼梯上。 2. 用报纸制作成不同大小的圆球(小动物食物)。 3. 幼儿将食物投入纸箱中。	投准、手眼协调	幼儿园楼梯
铃儿响叮当	中、大班	1. 用绒布制作美丽的小娃娃(或者是孩子喜欢的其他物件)从天花板上悬垂下来。 2. 小娃娃的下面挂一个小铃铛。 3. 幼儿努力伸展上臂才能打响铃铛。	上肢的伸展、腿部力量	楼道的天花板
运送花	中、大班	1. 幼儿躺在垫子上,在脚的那头放着若干绸布花或小型毛绒玩具,在头的上方安放一个塑料框。 2. 要求用双脚夹起花,利用腰腹的力量把双脚夹住的花举过头顶送到头部的框里。	腰腹肌锻炼	地板上的瑜伽垫
贴果子	各年龄段	1. 用绒布制作成不同的墙面场景吸引幼儿,例如小刺猬。 2. 准备一些果子,幼儿双脚并拢,脚贴住墙面,向前倾身将果子贴在小刺猬身上。 3. 随着幼儿身体柔韧性的提高,还可以准备一块小积木加垫在墙面和脚之间。	坐位体前屈、身体柔韧性	教室墙面、楼道墙面、户外墙面

（二）提供自主分层材料

根据幼儿身高、运动能力等个体差异，使同样的游戏内容呈现不同的难易程度，使幼儿有机会自主选择内容与环境互动。如小班游戏《空中摘果子》，利用圆形天花板的网格垂挂绳子，并呈现高低不同的螺旋形，幼儿可自由选择适合自己能力范围的高度摘取果子；《果树林》的果树也高低不同，方便幼儿自主选择并挑战不同的难度。大班《穿越红外线》游戏中，墙面的钩子高低、方位各有不同，幼儿可自行设置弹力绳的位置，调整不同的游戏难度。

> **建议**
>
> 1. 自主体育活动要加强活动常规的建构，这有利于幼儿自控、自律、自省意识的培养。如行进路线的规则、取放器械的规则、听取信号的规则等，将这些规则巧妙融入场景设置中，用箭头或图案提示，简洁易懂。
>
> 2. 自主体育活动要协调"三位一体"管理，教师和保育员要职责清晰，明确各自的负责辖区、工作要点、具体站位，既有分工，又有合作，相互补位。这样才能更好地观察幼儿在活动中的表现，提醒幼儿注意安全，还能及时发现问题并进行针对性的指导。

第七章　户外自主游戏

> 根据《幼儿园工作规程》要求,需保证在园幼儿每天两小时的户外活动时间,其中一小时为户外体育活动,那么另外一小时就是幼儿户外自主游戏的活动时间。幼儿户外自主游戏包含玩沙、玩水、户外建构游、户外角色游戏及野趣活动等。

第一节　玩沙　玩水

沙、水作为自然界中最易获取的廉价资源,具有简单便用、变化多样的特点。在玩沙、玩水中孩子们愉悦、激奋的情绪得以充分宣泄,大胆、丰富的创造与想象得以实现,身体动作的力度与协调得以提高。

一、主题预设

玩沙、玩水初期,应放手让幼儿自由结伴,自选辅助材料,自主地玩,熟悉沙与水的属性。一段时间后,再引导幼儿开展主题性的玩沙、玩水活动。

1.小班幼儿的沙水游戏主题要具有情境性。如挖宝藏、给木桶喂沙、看谁垒得高、什么东西沉下去(浮上来)了等内容,初步感知沙子和水的特性。

2.中班幼儿的游戏主题要兼具生活性、形象性。如过生日、引水灌田、水中开花等游戏主题,同时蕴含制作蛋糕的建构技能,感知水的流动性等特征。

3.大班幼儿的游戏主题要具有丰富性、计划性与挑战性。如海底寻宝、家乡一景、美丽的公园（怎样让花草树木自动汲水）等,感知水的虹吸现象。

二、材料支持

根据游戏类型提供材料。如玩沙的工具材料：小桶、勺子、铲子、漏斗、滤沙器、模具、小棍等,玩水的工具材料：小桶、勺、网兜、瓶、水车、漏斗、量杯、喷水壶、吸水管等。

根据孩子能力差异提供有层次性的材料。如成品材料的提供,适合能力相对较弱的孩子；而一些半成品或者一些替代物则更适合能力强一些的孩子。

提供材料百宝箱。可准备有盖的小瓶子、各种材质的纸片、小木片、动物、人物、花草树木、交通工具、小旗子、各种管子等玩具材料,丰富游戏活动。

三、观察指导

（一）游戏前

小、中班幼儿开展沙水游戏以个体、自主结伴为主。到了大班,教师可以有意识地引导幼儿开展具有前期策划和自主分工的沙水游戏。比如《我是中国娃》的主题中,大班幼儿要到沙池去挖、建长城,教师引导幼儿进行游戏前的计划,商量制作内容、人员分工,自主进行材料的准备等。

（二）游戏中

灵活运用多种观察方法,如视频观察、图示观察、案例式观察、表格式观察等,科学记录幼儿的游戏行为。

1.观察点

观察幼儿在进行主题建构的过程中运用了哪些经验,是否有新经验的拓展,是否有困难需要帮助。

观察幼儿在教师预设的主题外有什么游戏行为,会产生什么兴趣点,这些游戏行为是否有价值,是否可以和主题进行关联。

2.指导方式

旁观指导。当幼儿根据自己的意愿进行活动时,教师作为旁观者重在观察幼儿活动中的问题和教育契机。

玩伴参与。当发现幼儿需要帮助时,教师可以以玩伴的角色适时设置挑战、激发探究,或引导分析、解决问题。

推广普及。当发现幼儿在游戏中产生新的经验或者获得技能技巧时,教师可以适时进行推广,引发幼儿之间互学,丰富活动的内涵。

❀(三)游戏后

讲评的形式可多样化,幼儿欣赏、自主介绍、互动评价均可,但教师需要清楚自己的回应应能够推动幼儿新的建构技巧和行为,推动幼儿主题新经验的构建。最后问题聚焦引发讨论,有助于幼儿思辨地解决问题。

建议

1. 沙水区应靠近水源,保持沙子一定的湿度,也便于幼儿取水、洗手和收拾、整理、清洁材料。有条件的幼儿园最好配备适宜幼儿玩沙的着装,设置辅助材料资源库,便于幼儿取放。

2. 教师可以通过讨论、自编儿歌等方式增强幼儿安全意识和卫生习惯的养成。如玩水时,不能向同伴或自己身上撩水,也不能往水里投污物等。如玩沙时,要做好准备,卷好衣袖,玩时绝不能用手揉眼睛或将沙子撒在同伴身上,玩后要清洁好所有的工具等。

3. 在材料投放过程中要注意两点:一是辅助材料投放数量一定要适当,使幼儿立即进入专注的游戏状态。二是无须每次都翻新主题和材料,因为幼儿对材料的操作需要一个从摆弄熟悉再到创造性运用的过程,应根据幼儿的需要适度拓展幼儿主题经验,增减材料。

第二节 户外建构游戏

导 航

户外建构游戏是幼儿通过操作各种户外建构材料,运用思维、想象并动手操作,创造性地反映周围生活的游戏。建构游戏能丰富幼儿的感知经验和主观体验,发展幼儿的动手能力和建构能力,促进交往能力,实现个性全面和谐发展。

操作要点

一、材料提供

建构材料一般以户外碳化木玩具为主,不同形状的碳化木适合不同年龄段,如小班比较适合用方块、圆柱木桩、小木板条、圆形木块等进行建构,而中、大班可以在小班基础上再增加长木板条和三角形木块。除碳化木外还可为小班投放纸砖、海绵砖、易拉罐、纸盒等,也可增加一些辅助材料,如汽车、人物等模型,增加建构的趣味性。

二、确定建构内容

建构内容可以由教师提出,也可以由幼儿提出,较多的是通过师生交流最后确定。小班以自由建构为主,中、大班可以开展主题建构,建构主题应该与幼儿生活直接关联,可以来自于近期的主题活动,如"我心中的小学"等。

三、观察指导

(一)观察点

观察建构兴趣与交往、合作情况。小班幼儿以独立建构为主,但能与同伴进行简单交流或介绍自己的作品;中班幼儿能与同伴共同搭建作品,在建构中能相互交流想法。大班幼儿能协商建构方案,并学会分工合作。

观察建构技能。小班幼儿能堆叠、平铺、垒高、围封;中班幼儿能架空、组合、对称、按规律排序等,并能使用辅助材料,增强其造型的表现性;大班幼儿能熟练地运用各种技能如插接、排列、组合、旋转等进行综合建构,并能看平面图,能把平面图变成立体搭建物。

观察建构常规。如不敲打、不乱扔积木,知道要小心行走,不破坏别人的建构物,能按需取材料,活动后能分类摆放整齐等。

(二)指导方式

对小班幼儿多采用游戏的口吻,边示范边讲解,引起幼儿模仿的兴趣,并逐渐过渡到幼儿能独立地进行简单的建造。

对中班幼儿仍可采用示范、讲解相结合的方法,也可用建议与启发的方法。

对大班幼儿可设置问题情景助推建构游戏深入开展,通过提问帮助幼儿发现问题,如游乐场还有哪些设施等。

三、游戏评价

教师可以组织幼儿观看保留的作品实物,也可以将幼儿的作品拍下来,采取集体或小组评价形式,评价内容可以围绕搭建的主题、遇到的问题、解决的方法、幼儿之间的合作能力等话题进行。中、大班的幼儿评价时,鼓励孩子大胆发表自己的看法,分享彼此的经验,对有创新的建构物多加以表扬。

> **建议** ♥♥♥♥♥
> 1. 户外建构区一般都设置在场地宽敞平坦的区域。
> 2. 建立必要的建构规则。如让幼儿知道取放材料时用多少拿多少;结束后会自己整理好放回原处,不乱扔玩具;爱护同伴的建构成果,不随意破坏。
> 3. 注意建构物体的相应高度与安全性。

第三节　户外角色游戏

角色游戏是幼儿按照自己的意愿扮演角色,通过模仿和想象,独立自主地、创造性地反映现实生活的活动,是幼儿时期最典型的、最有特色的游戏形式。户外角色游戏有其独特的价值和魅力,为幼儿形成良好的社会交往能力打下基础。

一、游戏前

(一)确定内容

在设置游戏区内容时,首先要征求幼儿的意见,根据幼儿的原有经验和兴趣来创设游戏区。其次,可以结合本土文化资源创设具有本土文化特色的游戏区,让幼儿在游戏中了解家乡,激发爱家乡的情感。角色游戏一般可以分为生活模仿游戏(如娃娃家)、职业体验游戏(如理发店、邮局、警察局、超市、医院)。

(二)布局场地

户外角色游戏场地规划要根据幼儿园自身的特点进行合理布局,要把幼儿园的角角落落都利用起来。比如有草坪、绿化带的场地可以创设为娃娃家,绑上吊床或放置小木屋,地面上搭建几个灶台,放上几口锅;有大型玩具的场地可以成为孩子表演的舞台、休息的小屋;有塑胶的平地可以创设为公交车站,或者放个油桶成为加油站等。

(三)投放材料

我们要利用各种资源,提供丰富、多元、低结构的游戏材料。资源一:"自然资源",如树叶、树枝、泥、沙、石、砖块、花瓣等。资源二:"废旧材料",如木块、稻草、纸箱、木板、家中废弃的锅碗瓢盆、麻袋、轮胎、瓶子、草席、PVC管、油桶、纱巾、竹子等。资源三:"自制类材料",如小木屋、小床等。资源四:"购买类材料",如货物架子、小帐篷等。

二、游戏中

(一)观察点

观察游戏态度与情感体验。幼儿是否能积极参与角色扮演,表现出的情绪是否愉悦。

观察材料选择与使用情况。幼儿是否能有目的性地选用材料,是否能根据游戏情节创造性地使用材料。

观察交流与交往情况。是否愿意与同伴一起游戏,是否能协商分配角色,是否能运用一些交往技巧与同伴友好相处。

观察规则与习惯。是否能遵守游戏中的规则,如不乱扔、损坏物品,能收拾整理物品等。

(二)指导方式

当出现以下几种情况时,教师可采取适宜的方式介入指导:幼儿较长时间游离于游戏活动之外;反复重复简单的动作;多次尝试仍无法解决游戏中的问题;出现严重干扰或破坏游戏活动的行为等。教师可采取适宜的方式进行指导,如语言暗示、表情暗示、动作暗示等,也可以以玩伴身份共同游戏并进行指导。

三、游戏后

评价方式可以是全班或分组讨论,可以用相机拍摄下幼儿的游戏过程,也可让幼儿自己评价等,不论何种形式的评价,都更应侧重于活动的过程,如幼儿在游戏中学到了什么,发现了什么,解决问题的方法是否得当等。教师要抓住幼儿的闪光点(创新)进行重点讲评,加以鼓励;也可就出现的问题或困难提出讨论,让幼儿大胆发表自己的见解。

> **建议** ♥♥♥♥♥
>
> 1. 户外角色游戏内容的设置并不是一成不变的,当幼儿对游戏区不感兴趣或有新内容产生时,需要不断更新调整。
>
> 2. 户外角色游戏的开展可以采取整班流动模式,也可采取同一年龄段或混龄的游戏模式。
>
> 3. 材料投放上要注意安全性。初期的小班幼儿真实与虚拟不分,教师要充分考虑材料是否对幼儿具有潜在危险,是否适合小班幼儿操作,避免过小和尖锐的玩具材料。
>
> 4. 在游戏中建立一些游戏常规是很重要的,如:让幼儿知道取放材料时用多少拿多少;结束后会自己整理好放回原处;任何时候都不能乱扔玩具;拿走别人的材料要征求别人同意等。

第四节　野趣活动

幼儿园野趣活动是指利用挖掘周围自然环境中可锻炼身体的因素,进行一种挑战自我、回归自然的身体活动。它充分强调利用大自然中的原始材料,让孩子尽情地、充分地玩,幼儿在亲近自然、与自然的互动中体验快乐、获得发展。

操作要点

一、环境创设

（一）安全性

孩子年龄小，身体器官还十分娇嫩，自我保护意识、能力弱，而野外活动中会存在许多意想不到的危险因素，在活动场地选择上应充分考虑其安全性。教师在组织活动前，要勘查活动场地，察看场地及四周是否存在安全隐患。

（二）趣味性

由于野趣游戏的特点，在选择场地时应充分考虑自然环境中原有的特点，为幼儿创设一个充满童趣的环境。可从以下几方面去打造：

堆起小山坡。学龄前幼儿对小山坡都比较喜欢，同时山坡的高度正好对孩子起到锻炼身体的作用，孩子们可以在山坡上跑、跳、爬、滚，享受在大自然中玩耍的快乐。

挖出小山洞、小战壕。可以在山坡下挖出"小山洞"，孩子们可以在山洞里爬、滚，在战壕上跨跃等，可以玩躲猫猫的游戏，还可以推着小车，滚动圆球在山洞中穿行。

打造树林探秘。在小树林中，树与树之间绑上绳子让幼儿"走钢丝"，增设些高矮不一的木桩小路、轮胎小路等，构造一个浓浓的充满野趣的场所，孩子们可以在这里玩野战游戏，享受回归自然、挑战自我的乐趣。

建设石、沙、水组合的一角。园内可以铺设一条鹅卵石小路，创设玩沙区、玩水区、鱼池。孩子们在这里可以赏鱼，赤脚玩沙、走小路，尽情玩水，感受沙、石、水不同材质带来的不同感觉。

（三）挑战性

除了利用自然环境中的特点开展游戏外，教师还可以适当投放难易层次不一的游戏材料，创设挑战性的环境。如：

野战游戏：教师可以提供手榴弹、手枪、轮胎、滚筒等，创设野战情境，供幼儿进行打仗游戏，也可以用皮筋将园内的树围成三角形、多边形，孩子可以从这头跳到那头，皮筋越来越高，挑战难度越来越大。

攀爬游戏：提供高低不一的三角梯、竹梯、软梯、扁担、水桶、平衡木、轮胎墙、网、竹竿和绳结等，有难有易，让幼儿根据自我发展水平自主选择，进行各种户外的攀爬游戏。

野地寻宝游戏：可以充分利用农具、农作物等"自然玩具"进行运送粮食、爬草房、拉手推车、菜园寻宝、捏泥巴、甩泥炮等传统的野趣游戏。

二、游戏指导

(一) 观察要点

观察幼儿选择器材和活动内容的情况,了解他们的活动能力、运动量、兴趣爱好等。

观察幼儿解决问题的水平,把握他们的坚持性、忍耐力、自信心等心理素质和问题解决能力的状况。

观察幼儿收放材料的情况,了解他们规则意识的形成状况。

观察活动中同伴互动情况,了解幼儿交往能力的发展情况。

观察运动过程中的安全性行为,了解幼儿是否有自我保护意识。

(二) 指导方式

野趣活动虽然是比较自由开放的活动,但教师可以在适宜时机开启有效的互动和介入。

鼓励激发:当胆小幼儿不敢进行尝试时,教师应多给予鼓励、暗示,激发他们进行富有挑战性的身体活动,也可以站在孩子身边给予心理上的安慰。

有效介入:当教师发现一些危险隐患时,及时介入引导,提高幼儿自我保护能力。当有的孩子活动量过大时,教师可提醒幼儿休息、擦汗、喝水等。

交流分享:教师可以以播放视频片段或照片的方式帮助幼儿回顾游戏,同时教师在肯定幼儿的基础上提出建议,使下一次的游戏更加生动有趣。

建议 ♥♥♥♥♥

1. 野趣活动比较适合中、大班幼儿开展。农村幼儿园可以充分利用周边自然环境资源,让孩子们走向自然,开展形式多样、富有野趣的活动,如采摘活动、远足活动等。

2. 幼儿的服装、鞋子要宽松轻便,便于活动。为增加游戏的趣味性,也可投放迷彩服等服装。

3. 游戏时携带外出必备用品,如汗巾、茶水、医药箱等,并可根据不同季节携带外出用品,如夏天时可戴遮阳帽。

4. 教师应注意自己的站位,尽量做到面向全体幼儿,幼儿活动尽可能在教师的视野之内。

第八章　室内游戏

幼儿园经常开展的室内游戏一般分为规则游戏与创造性游戏，在实施过程中，教师要对幼儿的游戏水平有充分的了解，掌握促进幼儿游戏进程性和丰富性的各种策略，保持优质游戏给幼儿带来的参与度，真正促进幼儿在游戏中快乐学习和成长。

第一节　室内游戏计划制订

规则游戏与创造性游戏都需要制订计划。规则游戏主要指成人为发展儿童各种能力而编写的有明确规则的一种游戏，包括智力游戏、体育游戏、音乐游戏等。创造性游戏主要包括角色游戏、结构游戏和表演游戏等。室内游戏计划包括游戏名称、目的、准备、玩法、结果或评价等几个基本部分。

一、游戏名称

游戏名称要完整、清晰，不仅要写出游戏类别，还要交代具体名称和游戏对象。如：中班智力游戏《寻宝大行动》、小班体育游戏《爆米花跳跳跳》、大班音乐游戏《照镜子》等。

二、游戏目的

游戏目的即游戏中所传授的知识、技能和身心发展所要达到的任务和目标,一般指向性比较明确,同时具有操作性和检验性等特点。

三、游戏准备

1. 物质准备:提供适合游戏活动的环境,如空间位置、情景创设等。材料要丰富,能满足幼儿的选择,材料少了幼儿不够用,多了又易干扰,恰到好处很重要。要提高幼儿在游戏中的创造性,可以多提供半成品材料,促进幼儿以物代物、一物多玩的能力。

2. 经验准备:教师通过观察、倾听、讨论等方式了解幼儿对游戏的兴趣与实际需要,并积极地从幼儿当前学习中寻找有利于幼儿游戏的相关信息,以便更好地制订游戏计划。

四、游戏玩法

1. 规则游戏要关注对规则的阐述。首先,交代玩法;其次,对呈现的教玩具做出清晰的介绍;再次,先请个别幼儿边示范边讲解;最后进行游戏。每一次游戏前,教师都要提出要求,结束后要进行必要的评价,提升游戏"质量",提高幼儿游戏的"趣味性"。规则是规则游戏的关键,游戏开展的成功与否,幼儿是否有兴趣,游戏是否能持续,都取决于规则的设计。规则基本上有两种,一种是隐性的,取决于幼儿原有的生活经验和对事物的理解;另一种是显性的,是在隐性基础上的。可以是个体的规则,也可以是团队的规则。

2. 创造性游戏应关注幼儿游戏中的自主性。幼儿游戏时,教师可以采取直接与间接的指导策略,运用语言描述、动作提示、参与游戏等方式适当介入。

五、游戏评价

要根据游戏过程、游戏内容、幼儿年龄特点等进行评价。评价者可以是教师,也可以是幼儿。在评价时机上可以在游戏过程中评价,促使游戏更好地进行,也可以在游戏结束后,进行带有总结性的评价。

建议

1. 注意游戏内容的拓展性。如：抢椅子可以换成抢垫子、抢积木等；运西瓜可以变成运皮球、送娃娃等；模仿动物可以变成模仿人物等，不断丰富游戏内容。

2. 游戏要求与幼儿游戏水平、能力相适应。要因人而异选择适宜的游戏方法，在游戏方法、游戏规则、游戏要求、游戏评价上都要体现一定的差异与层阶。

3. 游戏要遵循灵活多样的原则。根据游戏内容可以分成个体的、三人或多人的，以小组或集体的形式展开。规则设定多样，如：竞赛的规则、遵守时间的规则、听音乐的规则、空间规则等。

4. 要关注幼儿游戏兴趣的激发。在游戏过程中更多地给予积极的评价，当游戏被幼儿喜欢或熟悉后，可以让幼儿自己制订规则，教师和幼儿一起稍做改变，在体验游戏的乐趣中，提升幼儿游戏水平。

第二节 规则游戏组织策略

导航

规则游戏与幼儿园教学活动密切相关，因而，规则游戏应依托于园本课程，更多地包含幼儿的学习活动、认知成分。如：智力游戏可以丰富幼儿知识、发展幼儿的感知和语言表达力、观察力、记忆力、推理能力等；体育游戏在遵循幼儿身心发展的基础上，把能运动、听指令、会游戏等结合起来，最终实现优化其心智和发展其身体；音乐游戏在看看、听听、跳跳、玩玩等活动中，发展幼儿对音乐的感受力、表现力和创造力，使幼儿接受、喜爱、理解艺术的游戏形式。

操作要点

一、智力游戏的组织策略

1. 智力游戏可以分为训练感官、发挥想象、发展语言、发展记忆、发展数学能力的游戏及科学游戏等。因此,需要教师提供与之相关的教玩具,引导幼儿积极投入到游戏中。

2. 教师在设计游戏时应遵循智力游戏的趣味性规则,采用贴近生活、灵活的游戏形式。

3. 以增进幼儿理解知识、促进智力为游戏核心,将主题活动中的学习内容与智力游戏紧密结合起来。

4. 兼顾年龄差异和个体差异,采取个别指导策略,根据幼儿的认知水平和活动能力提出不同的要求。在同一年龄段根据幼儿的实际水平也应分别提出不同的要求,使每一个幼儿在游戏中获得发展,感受游戏带来的愉悦。

二、体育游戏的组织策略

1. 教师应设定明确而可调整的目标,选择适宜而丰富有趣的游戏内容与形式,善于结合故事、器材、场景布置等激发幼儿参与体育游戏的兴趣,注意游戏前的热身环节,尤其要注意室内空间的布局。

2. 应注意在游戏过程中培养幼儿的自主性与规则意识,注意观察幼儿的活动过程,根据幼儿的游戏能力适时调整游戏内容和流程。

3. 制订符合幼儿健康教育的目标,根据幼儿身心发展特点,实施不同年龄不同的游戏流程,如小班应情节简单、角色少,中班情节、角色、动作、规则可以相对复杂,大班可以增加竞赛性,规则、难度和角色也随之调整。

4. 关注体育游戏中的安全性,预先考虑游戏场地、空间、器材和幼儿运动时的服饰、鞋子以及疲劳程度等。

三、音乐游戏的组织策略

1. 音乐游戏的题材,要性质鲜明、节奏明快、富有童趣。选用的音乐曲调要简单、流畅、动听,以有歌词的音乐为好,音域不要太宽,要有动作或故事可以表现,易于幼儿掌握,游戏可以多次反复。

2. 设计的游戏动作不宜过多、过难,要简单形象,体现趣味性,易于记忆。

3.随着幼儿音乐经验的积累,教师可以根据幼儿不同阶段的特点和水平,利用音乐道具给予相应的支持策略,促进音乐游戏的多元性。其间,幼儿根据有趣的游戏情节和音乐的节拍,可以用肢体动作表现音乐,也可以理解音乐后去发展动作。

> **建议** ♥♥♥♥♥♥
> 1.每周的规则游戏组织应考虑其不同类型的均衡性。
> 2.教师组织的游戏与幼儿自发的游戏并重,采取开放性的随机指导策略。

第三节 创造性游戏组织策略

创造性游戏是幼儿典型的、特有的游戏形式,他们以自己的想象、创造,主动地反映现实生活。这并不是简单地再现生活,而是幼儿在游戏中将所获得的知识经过再造想象而衍生的一种结果,它满足了幼儿游戏时好学、好奇、好问、好模仿的心理需求。创造性游戏包括角色游戏、表演游戏和结构游戏等。

一、角色游戏的组织策略

角色游戏是幼儿按照自己的愿望扮演角色,通过模仿和想象,独立自主地、创造性地反映现实生活的活动,如玩娃娃家、玩超市、开小医院等。这是幼儿时期最典型的、最有特色的游戏,也是创造性游戏中最有代表性的一种。角色游戏是幼儿对现实生活的反映,幼儿的生活经验越丰富,则游戏内容越充实新颖,否则游戏将会变得枯燥无味,也不能持久。

1.为幼儿提供游戏时间、场地和材料。为保证游戏的顺利开展,教师必须给幼儿以充足的游戏时间,角色游戏需要时间长一些,可集中安排一个时间段。游戏空间也很重要,要充分利用空间,为幼儿提供安全、卫生、美观、整洁的游戏场所。游戏材料的提供要适合不同年龄段幼儿游戏,种类要丰富,包括成品和半成品,能满足幼儿游戏中的选择,但应与游戏主题基本匹配,否则将是对游戏的干扰。

2. 鼓励幼儿按自己的意愿参与游戏。教师运用所呈现的游戏材料,引发幼儿确定游戏主题,并积极实现它。例如:娃娃过生日,不光是玩"生日",还可拓展给娃娃布置过生日的空间和环境,说生日的祝福,做生日的礼物等。启发幼儿以物代物,一物多玩,使游戏主题不断拓展、延伸,且游戏主题更鲜活,内容更饱满。

3. 启发、引导幼儿分配和扮演角色。引导幼儿共同商量,轮换扮演角色,并能理解角色,富有创造性地扮演角色。启发引导幼儿学会用语言交流,培养角色间的交往能力。

4. 根据幼儿的个性特点进行个别指导。教师在观察幼儿的游戏行为、性格特点的基础上,给予幼儿个别指导,可以直接参加游戏,以角色的身份指导游戏,也可以间接指导,在幼儿游戏期间提出各种建议或指导。

5. 游戏结束与整理。结束游戏的方式很多,可视游戏情节的发展灵活地把握。可以放音乐提示,可以用语言暗示,以之作为结束的信号,也可以个别提醒结束游戏,总之要使幼儿自然、从容、愉快地结束游戏,并能主动整理材料。命令式的结束不利于幼儿游戏的开展。

6. 教师和幼儿共同评价游戏。游戏结束后,教师和幼儿共同参与评价,特别是让幼儿单独评价,会起到多维评价的效果,对同伴的评价就是对自己的促进,很有实效。

二、表演游戏的组织策略

表演游戏是幼儿根据故事、童话的内容,运用语言、动作、表情扮演角色的游戏,游戏的目的主要是培养幼儿的表演兴趣和审美能力。其间,在对文艺作品的理解、表演中萌发再度创造的欲望,并运用道具形成多元表演形式。表演游戏能提高幼儿各种表演技能,如:歌唱、语言表现、动作技能等,促进其艺术感的形成,加之合作意识、分享意识所带来的快乐体验。

1. 在内容选择上帮助幼儿选择容易理解的、便于表现的作品。作品要有一定的情境,包括场景和内容,但场面变化不宜太多或太大。如:小班表演的场景比较单一,基本上只有一个场面即可,如《拔萝卜》;中、大班表演的场景是可以让幼儿拓展组合的,并要提供辅助材料,让幼儿自主选择,使表演内容不断丰富,如《小熊请客》《母鸡萝丝去散步》等。

2.引导幼儿共同参与游戏的准备工作。可以让幼儿一起准备场地的布置、服装道具、头饰及布景等,幼儿参与游戏的准备过程更能激起他们玩游戏的兴趣和欲望。游戏准备基本分四大类:乐器类:各种打击乐;视听设备类:录音机、磁带、CD机及磁盘等;道具类:场景、头饰、服装、化妆盒、指偶、木偶、话筒等;辅助类:纱巾、彩带、镜子、发夹等。

3.针对幼儿年龄特点个性化进行过程指导。表演游戏过程中,小班需要教师做示范表演,可以先辅导个别幼儿,然后融于表演;中、大班幼儿可以随自己对表演内容的理解自主、自愿地表演,教师在观察的基础上,给予帮助、指导或提醒,不能要求过高,以免有损幼儿游戏的积极性。

三、结构游戏的组织策略

结构游戏又称"建构游戏",是幼儿使用多种结构材料,如积木、积塑、金属材料等,通过想象和实际的创造行为构建建筑物或建筑形象的游戏活动,如用积木搭建各种桥、小动物的家等。

1.加深幼儿对物体和建筑物的印象。通过观察实物、玩具、模型、图片等,引导幼儿认识物体各部位的形状与结构特征。

2.提供相关的物质材料。幼儿园应准备各种类型的积木、积塑、金属材料、纸类、KT板等,以及本地可利用的其他材料,还要准备一些建构的工具和辅助材料等。

3.帮助幼儿掌握结构游戏的基本知识和技能。通过讲解、示范、图片等,启发和帮助幼儿认识结构材料(如名称、形状、颜色、性质等);掌握物体不同的特征(如大小、长短、宽窄、厚薄、轻重等);识别空间方位(如上下、前后、左右、中间、高低、对称等);帮助学习各种基本的结构技能(如平铺、延长、围合、盖顶、加宽、加高、架空、插接、镶嵌等)。

4.从看结构逐步过渡到想象结构。培养幼儿有目的地独立进行构造,能按顺序建造较为丰富的形象,进而把单个结构物组合成较复杂的整体。教师要帮助小班幼儿形成较为稳定的游戏心理,再慢慢学会构思并实现之。中班幼儿基本上会有目的、有计划地进行建造,并能完成建造任务。大班幼儿具备独立建造的能力,他们会有计划和自己的想法,既有分工又有合作,且作品会不断地丰富。注意培养中、大班幼儿在建构前制订计划的能力,可以引导幼儿事先想计划、讲计划、画计划,按照计划图来搭建,不断提升想象力与建构能力。

5.引导幼儿爱护结构材料和建造的成果,对作品可以拍照留存或展览,学会欣赏和评价,对材料的整理要学会归类摆放。

> **建议** ♥♥♥♥♥
>
> 1. 角色游戏要注意丰富幼儿的生活经验,充实游戏内容。例如:幼儿在玩超市的游戏前,老师或家长带幼儿去实地参观,为角色积累感性经验,并运用谈话的方式梳理交流再现。随着各个主题活动的开展与不断深入,幼儿会丰富各个角色,并拓展为自己喜欢的角色,融于游戏中。
>
> 2. 表演游戏是一种主体意识非常强的活动,为了提升表演游戏的质量,教师可以用建议和协商的口吻引导幼儿分配角色,并进入角色、表演角色,幼儿对自己所选择的文艺作品可以任意改编和创造,并不拘泥于文艺作品的原型。
>
> 3. 结构游戏要注意:(1)培养观察能力。带幼儿外出时注意观察独特造型或各种各样的物体,引起幼儿对周围物体和建筑物的关注,并产生一定的印象,为开展结构游戏奠定基础。(2)提供参考。在建构区的周围可以张贴有关建筑物的照片或图片,供幼儿在搭建时参考。(3)作品留痕。应鼓励幼儿的创造精神,对幼儿的建构作品予以肯定或表扬,并留下作品的痕迹。

第四节　室内游戏实施要点

一、游戏活动前

1. 游戏材料的投放:小班应更多地投放形象直观、大而色彩鲜艳的材料。中班主要投放替代性材料,引发幼儿去思考。大班提供的材料应倾向于低结构的,利于幼儿更多地按自己意愿进行游戏。

2. 游戏主题的选取:游戏主题应该是动态的,但又要体现与教育主题的融合,呈现整合的元素。游戏主题的内容很重要,教师要预先判断游戏内容对幼儿的适合性和吸引力,这会更有利于游戏的开展。

二、游戏活动时

1. 教师观察的技巧：教师观察前要有所准备，观察期间要做好简明扼要的记录。观察内容可涉及幼儿活动兴趣、游戏方式、角色意识、交往能力、游戏经验、与材料的互动、游戏中的特殊需要等方面。观察方法可以采用整体观察、个体观察、个案追踪观察等。

2. 教师介入的时机与技巧：一是游戏中幼儿产生争执无法解决的时候；二是幼儿主动要求帮助的时候；三是新的游戏内容开展的时候；四是幼儿在游戏中有危险动作的时候。教师尽量减少直接指导的方式，摒弃干扰，避免"指挥"游戏而导致幼儿主体性发挥受到抑制。教师以游戏参与者的身份介入指导比较理想。

三、游戏活动后

1. 互动交流：交流的内容教师要做到心中有数，不要面面俱到，要有重点，突出一到两个重点问题。交流可涉及情感、认知、能力、习惯和态度等。

2. 鼓励分享：教师应鼓励幼儿在游戏中的探索与创新，鼓励用语言、图片、作品等形式表达并与同伴分享，教师决不能以自己的观点横加干涉，或用成人的思维方式看待幼儿的所思所想和游戏成果。要充分鼓励幼儿的表达和游戏精神，让整个群体充分享受游戏带来的智慧和乐趣。

建议 ♥♥♥♥♥

幼儿园室内游戏要把握游戏与学习的关系。

1. 最高层次是游戏中的学习。
2. 第二层次是在游戏情景中的学习。
3. 第三层次是把游戏与学习割裂，学习是学习，游戏是游戏，等幼儿有了一定的游戏经验后，再把游戏和学习结合起来。

第九章　区域活动

　　幼儿园区域活动是指教师根据教育目标和幼儿发展水平,有目的地创设活动环境,投放材料,让幼儿遵循自己的意愿并按照自己的能力,在特定的环境中,以操作摆弄和游戏为主的方式进行个别化的自主学习和活动。在区域活动中,教师应该投放适宜的材料,实施有效的组织策略,采用合理的观察指导方法和科学的评价机制,让幼儿通过与材料、同伴、教师的游戏互动,获得身心全面发展。本章所指的区域为学习性区域,社会性区域详见第八章。

第一节　材料的投放

　　材料是幼儿隐形的教师,是幼儿认识世界的中介和桥梁,更是幼儿开展区域活动的重要物质基础。本节就各区的常规材料和辅助材料进行阐述。

一、材料提供

(一)科探区

1.常规材料

自然材料:羽毛、松果、石头、贝壳、骨头、树桩等自然物。

探索工具：不同倍数的放大镜、平面镜、磁铁、测量尺、滴眼药器、滑轮、量杯、夹子、天平、麻线、筛网、标本袋、用作刻印迹的黏土、螺丝刀等。

观察记录材料：纸张、有纸夹记录本、日记本、录音机、记录单、铅笔和记号笔等。

提供信息资源的材料：书本、图片、海报、录像，甚至可以是电脑。

2.辅助材料

根据不同的活动主题以及幼儿的发展水平提供相对应的阶段性材料。如在小班主题活动"冬天里"，可以在益智区投放冰块、热水、冷水、吸管、吹风机等，尝试小实验"冰不见了"等。

(二) 美工区

1.常规材料

绘画材料：绘画铅笔、彩色铅笔和彩色画笔；多个顶端的马克笔；蜡笔若干套。

颜料画材料：蛋彩画颜料，加皂片让颜料变厚，加糖让颜料闪亮，加盐让颜料闪光；丙烯画颜料，适合在各种物体表面上色；水彩颜料，水彩笔、水彩块、液体水彩等。

绘画用纸：卡纸、KT板、蜡光纸、亮光纸、皮纹纸、色纸、泡棉纸、包装纸、餐巾纸、玻璃纸、砂纸、树皮、木头、箱子等，为越小的幼儿提供越大的表面进行美术创作。

泥工材料：橡皮泥、黏土、铲刀、塑料刀、牙签等。

废旧材料：树叶、鹅卵石、盒子、果壳、旧挂历、吸管、筷子、纸杯、毛线、牛奶杯、碎鸡蛋壳、奶粉罐、饮料瓶子等。

基本工具：双面胶、泡棉胶、白乳胶、剪刀、花边剪、各式压花机、尺子、订书机、工作服等。

2.辅助材料

在小班，可提供用于滚珠画的滚珠和用于印章画的各种果蔬印章；在中班，可提供用于纸条编织的各色纸条，用于蛋壳画的蛋壳等；在大班，可提供用于拓印画的吹塑纸，用于绣花的白布和针及用于染色后编织的稻草、麦秸等自然物。

(三) 语言区

1.常规材料

阅读区材料：(1)根据年龄特点投放生均3本以上图书，不宜投放有很多文字甚至拼音的图书。图书应有5种以上主题类型，如童话、民间故事、自然、科技、艺术、人物等。重点推荐图书，用书架(或能展示图书的架子)展示其封面。(2)与故事配套的道具，给儿童积极参与阅读和讲故事的机会。绒布板，呈现故事中的人物，复述故事或儿歌；滚动电影，在卷纸上画图或贴上图片，以滚动播放电影的形式讲述故事；木偶，提供指偶、故事手套偶、手偶、线偶或与故事相关的面具、头饰。

操作区材料：图片——儿童将图片翻个面，向同伴描述该物体，请对方猜出描述的物体名称；感觉箱——幼儿把手伸进去，触摸盒内物体，用语言表述盒内物品的特征并猜测物品的名称；游戏话筒——幼儿能在充当天气、新闻主播和小导游等的游戏中使用；录音设备——幼儿录制简单的故事、消息，并能进行回放倾听。

前书写区材料（适宜大班）：各种前书写材料——不同类型、颜色、尺寸的纸张、信封、卡片，也可以提供书写纸或者树皮、树叶等；各种前书写工具——铅笔、记号笔和油画棒等，注意幼儿前书写的特点（自创的夹文夹画形式），严禁单一临摹；自制图书材料——纸、订书机、打孔机、纱线等；教师自制书。

2. 辅助材料

在阅读区要有桌椅，也要有舒适的空间，可以有台灯、地毯、吊床或沙发，以及毛绒玩具、靠垫等，也可以准备与故事相关的道具，提供透明胶、固体胶、剪刀等，为幼儿修补图书提供材料。有条件的可以投放投影仪。

（四）益智区

1. 常规材料

固定玩法的材料：根据幼儿年龄特点，投放棋类游戏材料，如飞行棋、象棋、围棋、斗兽棋、跳跳棋，还有大富翁等具有角色和情节的各类游戏棋；投放扑克牌，幼儿可以进行比大小、排序、找相同等游戏。

想象和创造的材料：拼图——提供不同大小、不同块数的拼图材料，平面拼图、立体拼图均可，如中国地图、世界拼图镶嵌板；魔方——普通魔方、金字塔魔方、长条魔方等；拼板、蘑菇钉穿绳等。

自我矫正功能的材料：如手抓拼板（人物、动物、数字、几何形状）、交通多米诺、套盒、叠叠高、孔明锁等。

2. 辅助材料

教师可以根据主题或幼儿的兴趣，设计并自制一些益智类的游戏材料投放在益智区，如钓鱼游戏、磁性迷宫、弹珠迷宫、串珠、系鞋带、小熊穿衣等游戏需要的材料。

> **建议** ♥♥♥♥♥
>
> 1.材料可以通过开展"宝贝大收集""废旧材料亲子制作"等一些活动来收集和制作。废旧材料的回收整理首先要注意废旧材料尽量干净（如奶瓶），材料不能直接投放到活动区中，要先检查有无安全隐患，进行清洗、消毒、晾晒，最后投放到区域中。其次要将收集来的材料进行归类整理。如可归类为纸袋纸箱类、盒子类、瓶罐类、线绳类、布类、废旧自然物等，幼儿园层面可以设置"宝贝超市"等专室进行分类存放。班级层面可设置"百宝箱"进行收集整理。
>
> 2.教师在投放、设计区域材料时，替代性材料、低结构材料可多一些。

第二节　组织与实施

区域活动的组织与实施是将区域活动设计方案付诸实践的过程，是区域活动中的核心环节和实质性阶段。基本分五大环节：计划——教师引导幼儿根据自己的需要制订区域活动计划；导入——教师说明各区域活动内容，请幼儿按一定规则自主选择并预设活动计划；展开——根据要求操作区域材料；整理——整理操作材料，养成将物品物归原处的整理习惯；交流——交流操作过程，评价活动情况，提升活动经验。

一、计划环节

计划环节可以在区域活动开始前自由活动时间内完成。如来园时、点心后等。

❀（一）表格式

根据班级区域的设置制订表格，幼儿在计划表里进行选择，如参与区域、活动内容等。建议小班用大表格，表格用图画标记设置，幼儿用贴纸选择；中、大班选用一人一张表格来制订个人计划。

（二）图画式

适合中、大班进行。教师提供纸和画笔，幼儿利用日常环节自由地用画画的方式来制订自己的活动计划，画画的内容包括：参与的区域、参与的内容、合作的伙伴等。

（三）协商式

到了大班或中班后期，一些孩子组成一个小团队，协商选择同一个区域，并开展协商式的计划制订（包括选区计划和区内活动计划）。比如，在建构区构建一个"公园"的主题，小组里协商一个计划，包括建一个怎样的公园，谁负责哪些部分的建构等。

二、导入环节

根据实际需要进行导入环节，时间控制在3分钟左右。

（一）谈话法

教师根据前一次活动中的某个内容设置一些既符合幼儿认知水平又富有启发性、能促进幼儿进一步讨论和思考的问题，激发幼儿再一次进行操作的欲望。或者教师可以直接出示新材料，向幼儿介绍新材料的名称、使用方法，以引起幼儿的操作兴趣。

（二）演示法（图片、视频、实物）

导入活动时，教师可以利用图片向幼儿解读材料和活动情况，也可以借用视频和幼儿一起回顾前一次活动中具有代表性的情景，又或者借用实物向幼儿介绍新材料的操作方法，通过各种方式的演示来激发幼儿积极参与活动的兴趣。

三、展开环节

（一）观察与识别

区域活动中，教师在观察幼儿活动时，要会及时判断、捕捉幼儿所需，并提供积极的支持，促使区域活动开展更加深入。

（二）回应与支持

当幼儿在区域活动过程中有新的玩法时，教师的回应要给予幼儿最大的鼓励，如及时地给予肯定，并表扬他会动脑筋。同时，当幼儿在区域活动中遇到困难的时候，教师应及时介入或者降低材料的难度来支持幼儿的活动。

四、整理环节

根据幼儿年龄特点，在整理习惯上也有不同的要求。如小班要求乐意参加整理活动，能将自己玩过的物品放回相应的区域；中班应关注能把自己玩过的材料摆放整齐；大班应关注按图画或符号标记整理、合作整理等。

五、交流环节

根据需要选择交流方式与内容，内容包括存在的问题、值得分享的亮点等。可以通过现场交流和延伸式交流，现场可以通过集体、小组、个人形式交流；延伸可以通过作品展示、自由式小组交流、家园互动式交流等进行。

> **建议**
>
> 1. 区域游戏计划是教师组织幼儿进行区域游戏所设计的活动方案，是一个区域活动的具体行动规划。区域游戏计划包括区域活动目标、内容、材料投放、观察与指导要点等。区域计划的制订要与主题活动相结合，并随幼儿学习和发展需要随时调整计划内容，计划中目标的制订可根据活动需要，将核心目标、层次目标和侧重目标有机结合。
>
> 2. 关注幼儿在活动中的自主性，当幼儿有困难的时候，教师适时给予一定的支持和帮助。

第三节　观察与指导

　**导　航**

对区域活动多方面的信息进行有效观察，进而采取针对性的教育应对策略，是观察的最终目的和要求。本节将从观察和指导两方面进行阐述。

操作要点

一、区域活动中的观察

在区域活动中,观察包括资料的收集、解释,进而采取针对性的教学策略。

❀(一)观察的内容

1. 观察幼儿

观察幼儿做了什么、如何做、做得如何等方面。如下表。

年龄段 指标	小班	中班	大班
兴趣	在游戏材料的互动中,积极主动地参加活动;能初步按照自己意愿选择喜欢的游戏。	有始有终地参加各区域的活动,无三心二意的情况出现。	在区域活动中积极、快乐;能主动选择自己喜欢的区域和材料进行操作摆弄。
坚持性	能在游戏中明确角色职责,坚持完成每一项任务。	将自己的工作做到底,遇到困难或障碍能想办法克服。	主动承担任务,遇到困难能坚持而不轻易放弃;自己的任务自己完成,不会的愿意学。
合作能力	当玩具或游戏材料不够用时,可相互谦让、轮流或共同使用。	一起商量,分工合作;遇到矛盾时,协商解决问题;当同伴遇到困难时,主动用动作、语言去帮助他;当自己遇到困难、一人无法解决时,主动找小朋友协助等等。	在区域中能主动发起活动,能与同伴分工合作,努力完成共同制订的游戏和活动内容,遇到困难愿意一起克服。
交往能力	有礼貌地进行交流、沟通,懂得基本的礼仪和礼节。	使用礼貌用语,具有文明的举止。	发生争端矛盾时,会用商量的口吻进行协商解决。
想象能力	会以物代物或一物多用地进行生活想象和创造游戏。	拓展思维,进行合理的推理和想象,进行益智游戏。	积极发散思维,能用多种工具、材料或不同的表现手法表达自己的感受和想象。
创新能力	能用简单的线条和色彩大体画出自己想画的人和事物。	能通过绘画、手工制作等表现自己观察到或想象到的事物。	能用自己制作的作品布置环境,能自制表演道具美化生活。

续表

年龄段 指标	小班	中班	大班
探究能力	认识各种操作材料并掌握其使用方法,合理正确地使用各种游戏材料,学会以物代物。	使用多种方式,借助各种工具来进行自己的探索活动。	对自己感兴趣的问题有刨根问底的欲望,探索有所发现时感到兴奋和满足。
观察能力	对感兴趣的事物能仔细观察,发现其明显特征。	能对事物或现象进行观察比较,发现其相同与不同。	通过观察、比较、分析,发现并用符号描述不同种类物体的特征或前后变化。
倾听能力	别人对自己说话时能注意倾听,爱听故事、儿歌。	能结合情境感受到不同的儿歌、故事表达的情感。	会认真观看同伴的表演,做出积极而正确的评价。
欣赏能力	乐于观看绘画、泥塑或其他艺术形式的作品。	欣赏艺术作品时会产生相应的联想和情绪反应。	愿意与别人分享、交流自己喜爱的艺术作品和美感体验。
表现能力	经常涂涂画画、粘粘贴贴并乐在其中。	能用绘画、捏泥、手工制作等多种方式表现自己的所见所想。	能用多种工具、材料或不同的表现手法表达自己的感受和想象。
表达能力	能口齿清楚地说儿歌、童谣或复述简短的故事。	能基本完整地讲述自己的所见所闻和经历的事情,比较连贯。	愿意与他人讨论问题,敢于在众人面前讲话或朗诵。
阅读能力	喜欢跟读韵律感强的儿歌、童谣。	喜欢反复看自己喜欢的图书,乐于讲述给同伴听。	专注地阅读图书,对文字符号感兴趣,知道文字表达一定的意思。
理解能力	会看画面,能根据画面说出图中有什么,发生了什么事等。	能根据连续画面提供的信息,大致说出故事的情节。	能根据故事的部分情节或线索猜想故事情节的发展,开展续编活动。
前书写能力	喜欢涂涂画画表达一定的意思。	愿意用图画和符号表达自己的愿望和想法。	愿意用图画和符号表现事物或故事,姿势端正。
整理习惯	培养幼儿爱护玩具,给玩具分类归回原处的意识。	按标记将自己操作的材料放回原处,将垃圾放入指定的垃圾桶内。	活动结束时能够主动收拾、整理自己的活动材料,做到桌面、柜面、柜内整洁有序。
规则意识	有初步的活动规则意识,能安静有耐心地完成自己选择的活动,不乱跑、不随意更换游戏、不与他人争抢玩具。	引导幼儿认识、体验并理解基本的社会行为规则,学会轮流和等待。	理解规则的意义,能与同伴协商制订区域游戏内容和活动规则。

2．观察材料

观察材料是否丰富？是否富有层次性？是否适应每个孩子的需求？何种时机调整材料较为合适？……

当原有材料让幼儿兴趣浓厚时，增加新材料进行适当调整，能使游戏更加深入地开展。当原有材料让幼儿渐失兴趣时，减掉一些材料，产生新的游戏方法，提升游戏的趣味性和层次性。

3．观察活动区之间的关系

主要包括：每个活动区中的活动内容、方式与水平怎样？每个活动区之间的互动情况如何？这种互动中哪些方面不利于或促进了幼儿区域活动丰富与深化？如何进一步激发与促进各活动区之间的互动？……

（二）观察的方法与记录

观察的方法：一是指向全体幼儿的整体观察。在区域活动中，教师以5分钟或10分钟为一个时间单位，轮流观察每个区域的孩子。二是针对小组或个人的表现观察。建议在每次区域活动中，重点观察3—4人，详细记录每个孩子在活动开始至结束的表现。

观察的记录：这里粗浅地划分为文本记录和现代工具观察。文本记录即观察者采用文字或图画等手工记录的方式记录自己的所见、所听与所思，涉及诸如纸、笔、记录表等观察工具。现代工具观察主要涉及照相机、复读机、摄像机、录音笔、手机等。

二、区域活动中的指导

幼儿园区域活动中的指导，一般情况下，教师主要采取材料投放和以游戏者角色介入这两种间接方式，只有在幼儿违反规则可能发生危险或幼儿之间发生激烈冲突时，才会采取直接的指导方式。教师对区域活动进行指导的方式，简称"三种干预形式"，即平行式干预、交叉式干预、垂直式干预。

（一）平行式干预

平行式干预是指教师在与幼儿空间距离接近的地方，使用与幼儿相同的材料从事相同的活动，旨在引导幼儿模仿。如：教师发现幼儿对美工区中新增添的材料"打孔机"还缺乏正确操作的经验与技能，教师就坐在操作台旁，在彩色纸上进行打孔游戏，但并不与幼儿发生直接的言行互动。

（二）交叉式干预

交叉式干预是指当发现幼儿的活动需要指导时，教师以活动合作者的身份或被幼儿邀请,或自主进入活动。如:当发现语言区中的幼儿在无序与杂乱地摆弄木偶,而不知如何操作和讲述时,教师就和幼儿坐在一起,一同商量和设计操作方法,并和幼儿一起讲述,避免教师直截了当发号施令左右幼儿。

(三)垂直式干预

垂直式干预是指当发现幼儿在区域活动中出现严重的违反规则行为,或出现激烈争执甚至出现攻击性等危险行为时,教师直接对幼儿的行为进行干预与引导。如:当发现益智区中的两名幼儿就飞行棋的飞行方法争论不休,并且有可能演变为攻击性行为时,教师就直接介入幼儿的活动,用行动与语言进行讲解与示范,和幼儿一起讨论正确的下棋方法,直到幼儿最终掌握为止。

实践中并非一定要全部用到这三种指导方式,而是需要根据具体的情况,灵活选择与合理运用。

建议

1. 观察应该有所侧重,针对本阶段需要改进和调整的方面着重观察,一步步推进观察面。

2. 为获得准确信息,应注意:每次观察前有明确的目的,并选择适宜的观察方法。

第四节　活动的评价

导　航

评价是区域活动中不可或缺的重要一环,是不断改善区域活动的关键所在。本节将结合实践,分析区域活动的具体评价内容和方法。

第九章 区域活动

一、评价的内容

（一）幼儿参与区域活动的兴趣性和坚持性

表1：幼儿参与主题性区域活动的兴趣评价

时间：_____ 班级：_____ 评价者：_____

主题名称：			
活动区名称：	参与人数：		
具体指标	评估		
	☆	△	○
对区域活动的期待程度			
对区域活动的喜欢程度			
对活动成果的关心程度			
进行区域活动的持续程度			
对区域活动的深入程度			
主动与其他区域活动的联系			
创造性游戏行为的生成			
评价结论			
改进策略			
备注	☆、△、○分别代表强烈、较强、一般。		

（二）幼儿在区域活动中的合作交往能力

表2：区域活动中幼儿合作水平评价参照

区域名称	评价参照
美工创意区	能否与同伴合用材料，如彩笔、油画棒、剪刀等。 能否与同伴相互交流，共同讲述欣赏作品，对作品进行互评。
语言阅读区	能否愿意与同伴交流沟通，主动用语言表达情感。 能否注意倾听他人讲述或谈话，交流共同感兴趣的话题，并能相互讲述图书内容。
科学探索区	能否就某一感兴趣的问题一起进行探索，协商确立探索方案。 能否进行分工，在实践与尝试中找到解决问题的方法。

（三）幼儿在区域活动中的独立性与创造性

1. 幼儿是主动、独立地选择区域活动，还是盲目服从别人或模仿别人的选择。

2. 是否能通过自己的独立思考，独立完成任务。

3. 是否能根据教师所提供的象征性材料想象它所替代的物品，并且类型多样。

4. 是否能根据所提供的材料设计多种不同的玩法，创造性地用多种方法完成活动区中的任务，或者创造性地拓展游戏情节。

（四）幼儿在区域活动中的认知能力

1. 选择的操作材料是复杂还是简单，是单一还是复合。

2. 操作方式是单调，还是富有创造、善于变通。

3. 操作结果是单一的作品，还是多样化的表现，如绘画、拼图、手工、创编故事等。

（五）幼儿在区域活动中的规则意识

1. 是否持进区卡进活动区。

2. 是否能把材料放回规定位置（一般情况下活动区柜上有材料放置的标记）。

3. 是否能遵守每个活动的暗示规则，比如在娃娃家门口画上几对小脚印，自觉遵守的幼儿会主动将鞋子脱掉放在小脚印上，然后进入。

4. 是否能提醒其他幼儿遵守规则。

5. 是否能运用规则评价自己和他人的行为。

二、评价的方法

（一）教师评价

教师可通过语言进行评价，也可采用动作暗示评价。教师评价可以贯串在整个区域活动之中，也可在最后环节进行集中性评价。

表3：区域活动教师整体评价

班级		时间		观察者	
区域主题			观察内容		
学号	观察评价	学号	观察评价	学号	观察评价
观察分析反思					
备注	观察评价可根据需要每次确定一个内容，如游戏专注性、游戏坚持性、整理习惯、合作能力、好奇心等。不同的年龄段可以有不同的观察指标，具体指标见表4。				

表4：区域活动教师对幼儿个体评价

班级		时间		观察者	
区域主题		区域内容		被观察者	
游戏观察描述					
游戏行为解读					
下步策略改进和调整					

❀（二）同伴评价

幼儿的同伴评价可采用口头评价，也可以采用图表方式进行评价。

表5：区域活动幼儿同伴评价表
——我是小区长

评价区域：_____ 评价项目：_____

学号 \ 表现	👍	😢	🤝
💡		❓	

备注：请小区区长在大拇指（值得表扬）、哭脸（表现欠佳）、握手（出现合作）处打"√"；灯泡——评价表扬的具体内容，问号——记录出现的问题。

（三）自我评价

幼儿的自我评价可以在教师的引导下进行口头评价，也可以通过记录相应的表格进行自我评价。

表6：中班区域活动幼儿自我评价表

主题名称：_____ 活动区名称：_____ 班级：_____ 时间：_____

学号	玩得开心吗？		我会玩吗？		准备好了吗？	
	😊	X	👍	X	✋	X

注：活动结束后让幼儿在相应的格子里打"√"。

表7：大班区域活动幼儿自我评价表

主题名称：_____ 活动区名称：_____ 班级：_____ 时间：_____

学号	我是这样学的			情绪体验		
	一个人😊	两个人😊	许多人😊……	😊	😞	😐

注：活动结束后让幼儿在相应的格子里打"√"。

建议

1. 评价方式应根据需要有选择地交叉、灵活运用。

2. 评价内容的选择，应根据年龄特点，有所侧重。小、中班侧重评价：幼儿参与区域活动的兴趣性和坚持性、幼儿在区域活动中的认知能力、幼儿在区域活动中的规则意识。大班幼儿侧重评价：幼儿在区域活动中的合作交往能力、幼儿在区域活动中的独立性与创造性。当然，要多关注个体发展，根据需要调整评价的内容。

第十章　集体教学

在强化户外游戏、区域游戏、自由游戏的背景下,幼儿园集体教学的时间被压缩,因此教师更应关注集体教学活动的价值取向,关注精选主题、优化策略、提高有效性。教师应从主题各领域中梳理提炼出有核心价值的教学内容;遵循幼儿的学习规律、依据教学目标达成优化的教学策略;建立良好的师幼互动,达成活动的高效。

第一节　集体教学活动的价值

集体教学是幼儿园一种高结构的活动组织形式,为提升其有效性,教师需要明确各领域的关键经验及教学策略,并以此为基础,设计不同类型的集体教学活动。

 一、健康领域

以身心健康活动、一日生活习惯的养成与常规活动、生动有趣的体育活动、自理与自我保护活动四类活动为主。其关键教学策略在于激发幼儿的锻炼动机和促进幼儿健康生活行为习惯的养成。

二、语言领域

以日常叙述性的表达与交流、体验文学作品的故事性与思想性、感受诗化语言的韵律感与美感三类活动为主,促进幼儿语言能力的发展。其关键教学策略在于为幼儿营造敢说乐说的氛围,让幼儿在交往和运用中学习与发展语言能力,让幼儿在优秀文学作品的熏陶中获得启迪和感悟。

 三、社会领域

以幼儿的自我概念、人际交往态度与策略、亲社会行为为核心,通过让幼儿经历体验式学习活动,形成积极、主动的社会性情感和行为品性。其关键教学策略在于为幼儿营造平等宽松、温馨关爱、积极和富有激励作用的人际关系,让幼儿在爱的滋养中、在感受和体验中发展社会性。

 四、科学领域

引导幼儿在解决实际问题过程中发现、理解事物本质和事物间的关系,主要包括科学探究和数学认知两方面内容。其关键教学策略在于激发幼儿的探究欲望,培养探究能力,让幼儿亲身经历从探究到发现的过程,培养幼儿对事实的尊重。

 五、艺术领域

引导幼儿感受美、表现美和创造美,表达自己对周围世界的认识和情绪态度。其关键教学策略在于充分创造条件和机会,在大自然和社会生活中使幼儿萌发对美的感受和体验,丰富其想象力和创造力,引导幼儿学会用心灵去感受和发现美,用自己的方式去表现和创造美。

第二节　集体教学活动的设计

集体教学活动设计是教师组织幼儿进行集体教学活动的方案。不仅包括对教材

的解读、教学目标的确定、教学过程的设计,还包括对教学中可能产生的走向、幼儿原有的知识结构、幼儿在交流中可能出现的偏差、教学中可能出现的其他因素进行预先思考应对的策略。

一、把握核心经验,选择合适内容

教师需关注每个领域的核心经验,思考怎样的教学内容更适合孩子终身可持续的发展;如何来源于幼儿的生活又运用于幼儿的生活;如何帮助幼儿获得必要的生活经验和技能。

二、关注幼儿经验,找准教学起点

教师在预设教学活动时,应从幼儿的年龄特点、认知规律、生活经验三方面来把握学习的起点,了解他们的学习态度、学习方法和学习兴趣等情况,了解幼儿已有经验与所学知识内容的冲突,对教材进行重组、加工、再创造,使预设的教学活动更符合幼儿的兴趣,更贴近幼儿的实际经验。

三、吃透教材精髓,制订合适目标

既要把握认知目标,更要注重过程目标;既要关注幼儿学习的"结果",更要关注学习的"过程";既要关注学习的"水平",更要关注"情感与态度"的体验。同时,教师要明确目标的重点和难点,作为教学的突破口。

四、梳理预设环节,提升幼儿经验

1. 教学预设要关注课题引入。课题引入要显得自然,要贴近幼儿的生活实际,要选择幼儿感兴趣的、能激发幼儿学习热情的、与教材内容联系密切的问题。

2. 教学预设要关注突出重点。要考虑通过哪些措施能够让幼儿对重点知识加深理解、牢固掌握并熟练运用。

3. 教学预设要关注突破难点。要根据幼儿的实际情况和教材要求,预先设计好梯度明显的问题,一步一步地往上,最终理解较难的知识内容。

4. 教学预设要关注幼儿操作。要选择既符合幼儿实际水平又能帮助幼儿进一步理解所学知识和加深幼儿印象的操作活动,同时还要预见幼儿可能出现的问题,帮助幼儿更准确地掌握所学知识,更深刻地理解所学知识。

> **建议** ♥♥♥♥♥
>
> 在教学活动设计时教师要着重考虑以下几个方面:
> 1. 本次活动我要教什么?
> 2. 通过这次教学活动,希望幼儿获得怎样的发展?
> 3. 为了达到这个目标,需要提供什么材料?
> 4. 在教学过程中,采用什么方法?
> 5. 在每一个环节中,我怎么提问,期望幼儿怎么回答?
> 6. 根据教材的编排特点和要求,幼儿的理想状态是怎样的?
> 7. 根据教师的实际经验和对幼儿的了解,教学现状如何?
> 8. 每一环节,幼儿会有怎样的回应?

第三节 幼儿园各学科活动的组织与实施策略

由于集体教学活动具有计划性、目标性、系统性、组织性、指导性等特点,需要事先加以规划,教师进行教学活动规划的过程实质上就是将实际教学活动的每个环节、每个步骤在教师头脑中预演的过程。幼儿园各学科的活动因其核心经验不同,相应的组织与教学策略也有所不同。

操作要点

一、幼儿园体育教学活动的组织与实施策略

进行体育教学活动时要遵循人体机能活动的变化规律，了解体育活动中运动量的变化趋势，由小到大，逐步增加，活动结束前再逐步减少。一般分为三部分进行组织：

（一）课的开始 —— 热身部分

1. 运用多种教学手段，激发幼儿参与体育活动积极、愉快的情绪，并关注幼儿心理生理方面的要求。

2. 可以采用律动、模仿操、小游戏等一些活动量小、强度低的活动或相关部位的动作，如：学习跳跃前的起踵、下蹲等热身动作预习，引导幼儿做热身运动，为进行较强、较大的运动做好充分准备。

（二）课的主干 —— 基本部分

1. 教学方式宜采用分散活动和集中活动相互联系、互为补充的形式，以游戏的方式开展。

2. 运动负荷的调控需要关注，一般由小到大，逐步增加。

3. 整个体育活动需呈现高密度、低强度，单次活动时间不宜过长。

（三）课的结束 —— 放松部分

放松运动应能缓解幼儿身心高度紧张和兴奋状态，以起到放松肌肉、消除疲劳的作用。

二、幼儿园语言教学活动的组织与实施策略

幼儿园语言教学活动内容分为专门的语言教学活动内容和渗透性的语言教学活动内容两类。专门的语言教学活动主要包括文学活动、讲述活动、语言游戏、谈话活动、阅读活动五大类型。

（一）文学活动

是以文学作品为基础教育内容而设计组织的语言教学活动。

1. 文学活动的教学设计步骤一般可分为五个步骤：

导入活动主题→学习（欣赏）文学作品→理解体验作品→迁移作品经验→创造性想象和语言表达。

2. 一个作品所蕴含的多方面价值不一定要在一次活动中全部给予孩子,需要根据孩子的实际情况审慎考虑。

3. 在创造性想象和语言表达环节,根据文学作品不同、孩子的情况不同,可以采用仿编、复述、表演等不同的表现方法。

(二) 讲述活动

以培养幼儿的独立构思能力和表述一定内容的语言能力为基本目的,为幼儿提供积极参与命题性质的讲述的实践机会。包括看图讲述、情境讲述、生活经验讲述、创造性讲述等等。

1. 讲述活动的设计一般有四个步骤:

感知理解对象→运用已有经验讲述→引入新的讲述经验→巩固迁移新的讲述经验。

2. 教师心中要目的明确,要知道新经验是什么,并有针对性地、紧扣目的地进行指导。

3. 对孩子运用新经验的情况要进行及时的梳理、点评、表扬和推广。

4. 在采用示范法引进新经验时,教师注意不要包办代替。

5. 要提供给幼儿运用新经验的机会。

(三) 语言游戏

语言游戏主要是听说游戏、传话游戏,它主要分为"听""说"两种类型,侧重培养幼儿在语言交往中的机智性和灵活性。

1. 语言游戏的设计概括来说一般有四个环节:

设置游戏情境→交代游戏规则→引导幼儿游戏→幼儿自主游戏。

2. 游戏时要把握娱乐和听说的度。

(四) 谈话活动

谈话活动是帮助幼儿学习在一定范围内运用语言与他人进行交往的活动。

谈话活动的设计一般有三个步骤:

创设情境,引出谈话话题→围绕话题,自由互动交谈→逐步拓展谈话范围。

(五) 阅读活动

早期阅读活动主要为幼儿提供前阅读、前书写的经验,帮助幼儿增长阅读的兴趣,认识书面语言和口头语言的对应关系,掌握一定的早期阅读的技巧的活动。

1. 早期阅读活动设计一般有五个步骤:

幼儿自主阅读→师幼共同阅读→围绕阅读重点开展活动→归纳阅读内容→阅读

活动延伸。

2. 活动中可组织多种阅读方式,如集体阅读、小组阅读、自由阅读。

3. 为幼儿选择的阅读活动内容应以图为主,图文并茂,内容丰富、健康,具有启发性、教育性、趣味性、时代感。

三、幼儿园社会教学活动的组织与实施策略

幼儿园社会教学活动是教师从社会教学目标和原则出发,结合本班幼儿的实际需要,选择相应的内容,精心设计教学过程并组织实施,以完成一定的社会教学任务的一种教学形式。社会领域有其特殊性,上课仅仅是其中的一部分,大量还需依靠幼儿园一日生活、其他领域教学的潜移默化而获得发展。

(一)社会领域的教学内容

社会领域的教学内容一般包括以下四个方面:

1. 人际关系:指幼儿在与周围环境中人(家长、老师、小朋友等)的交往过程中形成的相互关系。主要包括交往态度、交往规则、交往技能,以及交往中形成的自我意识、他人意识等。

2. 社会环境:指幼儿生活中经常接触的一些社会组织形态、社会机构和其中的社会角色。如家庭和家庭成员,幼儿园和幼儿园工作人员、小朋友,商店和售货员、顾客,医院和医生、病人,以及家乡(城市、农村)、祖国及其建设者、保卫者等等。

3. 社会行为规范:指幼儿在社会生活和社会交往中需要了解和掌握的各种行为准则。如遵守公共秩序,爱护环境,不随便打扰别人,不损害别人的利益,举止要文明,待人有礼貌,诚实、守信等。

4. 社会文化:指幼儿需要了解的人类在社会历史发展过程中所创造的物质财富和精神财富。主要包括:社区文化,我国主要的文化精品、民间节日、民间艺术,世界著名的人文景观、优秀的艺术作品等。

(二)社会领域教学活动组织与实施的一般策略:

1. 开始部分:主要任务是创设情境、导入活动,集中幼儿的注意力,激发幼儿参与活动的兴趣。一般来说,可以有这样一些形式:

● 设疑开始(猜一猜):疑问可以由教师直接提出,也可以以谜语、儿歌的形式间接提出。

● 图示开始(看一看):可以利用彩图、实物或者课件来导出活动。

● 故事开始(听一听):让幼儿听一段短小的故事是社会活动常用的一种导入

方法。

●情境表演(看一看):创设一定的情景或利用情景进行模拟表演,把幼儿带入活动中。

●游戏开始(玩一玩):以幼儿喜爱的游戏形式引出活动。

2.基本部分(做一做、议一议):这是社会活动的核心部分,承载着活动的主要内容。应抓住的重点是:

●教师应尽量多提开放式问题,以促进幼儿的思维发展。在设计问题时,教师要考虑问题的递进性,不断启发幼儿深入思考。教师还可以考虑从正反两个方面来提出问题,比如合作的好处是什么,不合作会怎么样等,引导幼儿通过比较,清晰认识问题,避免认知混淆。

●以多种形式让幼儿参与活动,调动幼儿的多种感官,让幼儿成为活动的主角。如角色扮演、移情、实践等。

●适当利用幼儿讨论这种形式。讨论以小组的形式进行,分组时要注意小组成员的能力强弱搭配。

●活动过程中教师要尊重幼儿的想法。

3.结束部分。

●常见的结束方法很多,如语言总结、作品展示、教师布置任务等等。

●活动结束之后可以延伸为其他类型的活动,促使该活动目标更好地达成。

四、幼儿园科学教学活动的组织与实施策略

(一)导入环节 —— 引发探究兴趣

创设问题情境能很好地引导幼儿进入预设的探究主题,感染幼儿情绪,激发幼儿兴趣,使孩子对探究对象产生好奇、疑惑。一般宜采用童话情境导入、游戏情境导入、生活情境导入、拟人化情境导入等方式。

(二)基本环节 —— 猜测实践验证

1.展开预想猜测,开启建构之门。

教师要鼓励幼儿调动原有经验对问题的答案进行推测、猜测,做大胆的假设,并创设多元互动,引发师幼、幼幼之间的互动。

2.进行实验观测,获得事实依据。

首先,教师要把握实验的关键经验,结合本年龄段幼儿的水平特点,分析幼儿应该学习什么和能够学习什么。

其次，在幼儿操作实验阶段，教师需要抛出有质量、有意义的问题，引导幼儿深入探究，这些问题应有层次地指向关键经验。

再次，教师需要根据关键经验，对幼儿的学习难点进行分解，细化在几个层次的实验步骤中，提供蕴含层级目标、体现个体差异的材料。

3. 记录发现信息，描述客观现象。

小班阶段，教师可以使用直观、生动、形象的集体记录的方式；中、大班阶段，教师可以设计概括度稍高的记录表。宜采用原有经验和当前操作结果相比较的记录表，将幼儿原有的认识和实际操作结果做对比，以巩固幼儿原有的认识或对原来的认识做调整和纠正，促进新经验的主动构建。

4. 组织讨论交流，梳理提升经验。

教师应创设良好的心理氛围，在探究后组织集体、小组、个别的讨论交流，鼓励幼儿用多种方式表达。

(三) 结尾环节 —— 适当拓展延伸

1. 平行内容拓展 —— 回顾周围生活中相关、相似的事物或现象，也可以将平行材料展示在区角中，让幼儿继续探究。

2. 生活运用拓展 —— 以图片、多媒体或者实物等方式出示，引导幼儿把学习内容与生活相结合，找到科学与生活的联系。

3. 现象深入拓展 —— 教师根据幼儿的经验水平、兴趣程度，在结尾环节做更深入的提示与启发，也可以在诸多问题中，寻找新问题，作为下次活动的内容。

五、幼儿园数学教学活动的组织与实施策略

(一) 猜测 —— 思维冲突的引发

猜测是根据幼儿的已有经验，引导他们对学习的新知识进行合理的推断与假想。幼儿的已有经验与新经验之间有一个"跳板"，幼儿的猜测活动正是建立在这一跳板上，在适度的认知焦虑的驱动下展开。

(二) 冲突 —— 经验差异的碰撞

利用多种方式，引导幼儿新旧经验的碰撞，引发幼儿与同伴间的意见分歧，教师则顺水推舟：那你们有什么好办法验证自己的推断呢？

(三) 验证 —— 实现超越的探究

验证是幼儿通过操作、归纳、推理等一系列实践活动对所猜测的新知识进行证明、判断的过程。验证完后，大家通过交流、对比，发现自己方法的长处和不足，从而

得到不同程度的发展。

❀（四）迁移——启迪智慧的升华

迁移，即人们常说的举一反三。比如，老师抓了一把蚕豆，请幼儿猜猜所抓的数量，孩子们通过猜测、验证、记录、比较，得出规律，于是教师出示记录表，请孩子们迁移规律，运用估算，将实物的大小和数字之间建立相对应的关系。

六、幼儿园音乐教学活动的组织与实施策略

❀（一）歌唱活动的组织与实施策略

一般流程：导入→欣赏→学唱→拓展

●导入环节，可以采用创设情境的方式，如故事、动作、情境表演等，注意简短、有效。

●欣赏环节，歌曲一般4—5遍听赏，重在熟悉旋律、理解歌词。

●学唱环节，教师要注意变式练习，如接唱、分组唱、个体唱等，建议可反思"哪一句还不会唱"。

●拓展环节，可采用仿编、表演、游戏等形式，关注歌曲学唱兴趣的延展。

❀（二）韵律教学的组织与实施策略

一般流程：引出主题，熟悉音乐→教师示范（分析、讲解动作要领）→动作练习→替换动作模型（部分创编）

●引题环节，教师可以运用教具，也可以进行自身的表演。在此环节中，应尽可能地让幼儿感受音乐。

●教师的动作应成为幼儿的范例，要做得正确、合拍、自如，示范时应站在能使每个幼儿都看得见的位置上，对于一些难度较大的动作，宜采用分解示范的方法，注意进行重点示范。

●带领幼儿练习时，教师应注意采用多种不同的练习形式，不断调动幼儿的积极性，让幼儿在反复的练习中逐步达到熟练掌握。

❀（三）音乐欣赏活动的组织与实施策略

一般流程：引题→介绍作品→完整倾听→分段倾听→讨论倾听感受→表现音乐

●介绍作品可以有两种方式。一是先将作品的名称、主要内容介绍给幼儿，比较适用于有标题或有一定情节的器乐曲。二是先不向幼儿介绍作品的名称、主要内容，而是向幼儿提出一些能引起幼儿注意、启发幼儿想象的问题。欣赏后让幼儿先表达，教师再根据情况进行必要的补充或指导。

- 完整倾听环节中，教师可以借助图片或活动的直观教具，或通过自己伴随音乐进行的表演，帮助幼儿感知和理解作品。

- 如果所欣赏的作品含有几个乐段，或歌曲含有几段歌词，教师可组织幼儿分段倾听。

- 讨论倾听感受环节，教师应把重点放在引导幼儿感受和理解作品中的各种表现手段，使幼儿较为完整、全面、深入、细致地感知音乐作品。如让幼儿感知音乐速度和力度的变化，感知乐曲结构上的重复与变化等。

- 表现音乐环节中，应让幼儿自主地、创造性地去表现音乐，只要求动作在情绪上与音乐保持一致，注意不要使幼儿的动作影响对音乐的欣赏。

（四）打击乐教学的组织与实施策略

一般流程：引题→感知、分析音乐→掌握演奏方法→徒手练习→乐器练习→交换乐器演奏→拓展

- 感知、分析音乐环节，教师应引导幼儿仔细倾听，感受音乐的性质、力度、速度、节奏及段落等，可让幼儿随音乐拍手，以便逐渐熟悉音乐。

- 徒手练习环节，教师可根据打击乐中配器的情况将幼儿分成若干组，各组先分别练习各自承担部分的演奏方法，然后再合起来一起演奏。也可以全体幼儿一起依次学习各种不同乐器的演奏方法，然后分组。值得注意的是：分组徒手练习的时间不能太长，不能等到幼儿完全会打了再分发乐器，因为在使用乐器的过程中还可以继续学习。

- 分发乐器时，教师可将乐器事先放在小椅子下面，以减少不必要的等待及混乱。乐器拿出后，凡不演奏时，幼儿须将乐器放在大腿上，不发出声音，眼睛也不看乐器。

- 幼儿交换乐器时，教师可要求幼儿将原来使用的乐器放在座椅上，再迅速无声地找到新的座位坐下。

- 在幼儿具有一定演奏经验的基础上，教师可引导幼儿创造性地改变原配器方案，如部分改变音色或节奏，增加大鼓、大钹或其他特色乐器等。

七、幼儿园美术教学活动的组织与实施策略

（一）活动导入——引发活动内部需要

1. 游戏导入法：用做游戏的方式导入活动，引起幼儿注意，激发幼儿兴趣，提高他们参与活动的积极性。

2. 问题情境法：创设一定的问题情境，使幼儿产生解决问题的欲望，调动和保持幼儿的兴趣，提高参与活动的积极性。

3. 动作表演法：利用生动逼真的表演引发幼儿兴趣，产生创作动机。

（二）活动展开——建构积极师幼互动

1. 观察是前提，先观察后创作。

教师在使用示范策略时需变直观示范为间接示范，变单一示范为多元示范，变直接示范为间接示范，变笼统示范为探索示范，变简单仿学为向大师学习，变完整示范为要点示范，变固定形象示范为变式形象示范，从而更多地关注幼儿的自主作画的愿望。

2. 启发是条件，变教师说为幼儿说。

教师应引导幼儿将自己的观察结果表达出来，尊重幼儿的想法，让幼儿大胆想象要表现什么，如何表现。

3. 总结概括，注意趣味性。

教师应引导幼儿边观察边用简单的词语进行概括，或教师用趣味化的语言对儿童的观察结果进行概括。为加强幼儿的视觉印象，教师应将复杂事物简单化，使幼儿成功地进行美术表现。

（三）幼儿实践——教师巡回指导

1. 注意良好的美术习惯的养成，在幼儿实践前做必要的常规要求、正确使用材料和工具的要求。

2. 采用新颖的形式，注意不断改变方式，提高幼儿的参与积极性。如地点的选择上，可以在户外或邻班进行作业；在组织形式上，可以将桌子合并，大家围成一圈，也可以让幼儿站着画；在参与规模上，可以个体作业，也可以集体完成作业。

3. 创设有利于情感表达的氛围，可在美术活动中穿插一些音乐、文学等活动，提高幼儿的兴趣及对作品的情感。

4. 解决大多数幼儿在实践过程中存在的共同问题。教师应仔细观察他们对要求是否明了，如果发现大多数幼儿对某些要求还不明了，则需要做进一步的说明。可用提示性的语言叮嘱一下，也可展示实物或演示教具以加深认识，也可以以幼儿的作品为例引起注意，但教师要讲得简明扼要，以免分散幼儿的注意力。

5. 解决个别幼儿存在的具体问题。及时了解幼儿的构思意图，给予指导；及时发现幼儿表达上的困难，给予帮助。教师还要尽可能地肯定幼儿的点滴进步，满腔热情地给予积极的鼓励。

(四)作品讲评——以评价促发展

1. 鼓励幼儿介绍自己的作品及创作过程,避免仅仅从一个角度进行评价的缺陷,从而做到全面评价幼儿作品。

2. 引导幼儿相互交流、审视、评价,找出优缺点,达到相互启发的目的。

3. 教师要针对教学的重点和难点,在幼儿交流的基础上进行总结概括,在肯定的前提下,指出不足,提出期望。

建议

(一)学习活动组织前

1. 组织学习活动前应让幼儿逐渐转入安静状态,尤其是在户外体育活动后,教师应让幼儿逐渐地放松、安静,尽快稳定幼儿的情绪。

2. 活动前提醒幼儿收拾玩具、如厕,做好身心准备,培养良好的学习常规。

3. 充分准备好学习活动所需的教具、学具,活动材料应于前一天准备好,操作材料数量多于幼儿人数。

(二)学习活动组织时

1. 学习活动中既要执行预设的活动设计,又要注意捕捉相关信息,及时调整教学行为,注意教学过程中每一步骤的有效性。尽量减少与目标和内容无关的东西,以突出教学的重点,解决难点。

2. 重视遵循幼儿学习的特点,提供机会让幼儿主动参与;重视幼儿在获得结果的过程中掌握学习和探究的方法,以及形成正确的态度和行动方式;引导幼儿动脑、动口、动手,注重能力与习惯的培养。

3. 以幼儿为活动主体,从幼儿的经验和能力出发,为幼儿提供各种不同的学习经验。关注幼儿个体差异,充分体现教学的层次性和学习梯度,努力使每个幼儿获得满足和成功的体验。

4. 教师语言清晰、简练、准确、规范、生动形象,教态亲切自然,情感真挚。

(三)学习活动结束后

1. 活动结束后及时整理活动材料,物归原处。

2. 有必要拓展延伸的活动,结束后可在活动区投放相关材料,引发幼儿继续探索学习的兴趣;美工活动后的幼儿作品,要注重保留和展示。

3. 注重反思,分析教学活动中成功与失败的原因,并能及时记录。

附件一
幼儿园一日作息时间安排参考

宁波市幼儿园小班一日作息时间表

夏季	春秋季	冬季
7:30~8:45 晨间接待、户外早锻炼、操节活动 8:45~9:10 生活活动、自助点心、晨谈 9:10~10:50 集体学习（20分钟）、户外游戏、区域游戏 10:50~11:30 生活活动及午餐 11:30~12:00 餐后活动 12:00~14:30 午睡 [注：允许个别幼儿延迟入睡、提前起床] 14:30~15:00 生活活动及午点 15:00~16:00 游戏、户外大自主活动 16:00~17:00 离园活动	7:45~8:55 晨间接待、户外早锻炼、操节活动 8:55~9:15 生活活动、自助点心、晨谈 9:15~10:35 集体学习（20分钟）、户外游戏、区域游戏 10:50~11:30 生活活动及午餐 11:30~12:00 餐后活动 12:00~14:30 午睡 [注：允许个别幼儿延迟入睡、提前起床] 14:30~15:00 生活活动及午点 15:00~16:00 户外大自主活动、游戏 16:00~17:00 离园活动	7:50~9:05 晨间接待、户外早锻炼 9:05~9:25 生活活动、自助点心、晨谈 9:25~10:50 集体学习（20分钟）、早操、区域游戏 10:50~11:30 生活活动及午餐 11:30~12:00 餐后活动 12:00~14:30 午睡 [注：允许个别幼儿延迟入睡、提前起床] 14:30~15:00 生活活动及午点 15:00~16:00 户外大自主活动、游戏 16:00~17:00 离园活动

宁波市幼儿园中班一日作息时间表

夏季	春秋季	冬季
7:30~8:45 晨间接待、户外早锻炼、操节活动	7:45~8:55 晨间接待、户外早锻炼、操节活动	7:50~8:50 晨间接待、户外早锻炼
8:45~9:05 生活活动、自助点心、晨谈	8:55~9:10 生活活动、自助点心、晨谈	8:50~9:05 生活活动、自助点心、晨谈
9:05~10:50 集体学习（25分钟）、区域游戏	9:10~10:50 集体学习（25分钟）、区域游戏	9:05~10:50 集体学习（25分钟）、早操、区域游戏
10:50~11:30 生活活动及午餐	10:50~11:30 生活活动及午餐	10:50~11:30 生活活动及午餐
11:30~12:00 户外餐后活动	11:30~12:00 户外餐后活动	11:30~12:00 户外餐后活动
12:00~14:20 午睡[注：允许个别幼儿延迟入睡、提前起床]	12:00~14:15 午睡[注：允许个别幼儿延迟入睡、提前起床]	12:00~14:15 午睡[注：允许个别幼儿延迟入睡、提前起床]
14:20~14:50 生活活动及午点	14:15~14:45 生活活动及午点	14:15~14:45 生活活动及午点
14:50~16:05 游戏活动、户外大自主活动	14:45~16:00 游戏活动、户外大自主活动	14:45~16:00 户外大自主活动、游戏活动
16:05~17:00 离园活动	16:00~17:00 离园活动	16:00~17:00 离园活动

宁波市幼儿园大班一日作息时间表

夏季	春秋季	冬季
7:30~8:45 晨间接待、户外早锻炼、操节活动	7:45~8:55 晨间接待、户外早锻炼、操节活动	7:50~8:50 晨间接待、户外早锻炼
8:45~9:00 生活活动、自助点心、晨谈	8:55~9:05 生活活动、自助点心、晨谈	8:50~9:00 生活活动、自助点心、晨谈
9:00~10:50 集体学习（30分钟）、户外游戏、区域游戏	9:05~10:50 集体学习（30分钟）、户外游戏、区域游戏	9:00~10:50 集体学习（30分钟）、早操、区域游戏
10:50~11:30 生活活动及午餐	10:50~11:30 生活活动及午餐	10:50~11:30 生活活动及午餐
11:30~12:00 户外餐后活动	11:30~12:00 户外餐后活动	11:30~12:00 户外餐后活动
12:00~14:00 午睡[注：允许个别幼儿延迟入睡、提前起床]	12:00~14:10 午睡[注：允许个别幼儿延迟入睡、提前起床]	12:00~14:10 午睡[注：允许个别幼儿延迟入睡、提前起床]
14:00~14:30 生活活动及午点	14:10~14:40 生活活动及午点	14:10~14:45 生活活动及午点
14:30~15:20 游戏或集体学习活动	14:40~15:10 游戏或集体学习活动	14:45~15:15 游戏或集体学习活动
15:20~16:05 户外大自主活动	15:10~16:00 户外大自主活动	15:15~16:00 户外大自主活动
16:05~17:00 离园活动	16:00~17:00 离园活动	16:00~17:00 离园活动

附件二
幼儿一日活动常规

一、来园离园篇

常规要求

●来园：

1. 喜欢老师和同伴，愿意上幼儿园。
2. 带齐所需生活、学习用品，懂得不带危险品来园。
3. 热情招呼教师、同伴，开心地与家人说再见。
4. 愿意接受晨检，懂得将身体不舒服的感觉告诉保健医生或老师。
5. 主动将物品摆放整齐，学做值日生，照顾认养的动植物。
6. 自主选择，参与区域活动或参加晨间锻炼，懂得安全自护。

●离园：

1. 自觉整理衣物，不落下物品。
2. 将玩具、材料、椅子收放整齐、归位，保持环境的整洁和有序。
3. 有礼貌地与老师、小朋友道别。
4. 跟随家人离园，不独立走开，不奔跑，不跟陌生人走。

幼儿来园离园情况观察

时间 项目		来园	离园
观察要点		1. 幼儿情绪 2. 来园各项任务的完成情况	1. 衣物整理情况 2. 离园礼仪
保教支持策略	教师	1. 观察幼儿能否有序完成来园的系列活动，并适时指导 2. 提醒幼儿将物品按类摆放整齐 3. 通过晨检牌关注幼儿的身体状况，第一时间掌握班级孩子的总体情况 4. 对家长的特殊需求做好记录，并及时让搭班老师、保育员知晓 5. 与家长简短交接或交流，并随时观察其他正在活动的幼儿	1. 指导幼儿将自己的衣裤整理好 2. 鼓励幼儿两两结伴互相检查，整理衣物 3. 提醒幼儿离园时要注意安全，不奔跑打闹
	保育员	依据晨检牌颜色，了解幼儿身体状况，对待身体不适者，予以适宜的特殊关注	提醒幼儿带好回家物品，离园注意安全

二、正确洗手篇

常规要求

1. 能自觉洗手，方法正确，学习用七步洗手法洗手(挽、湿、抹、搓、冲、甩、擦)。

2. 洗手时注意保持衣袖整洁干燥，有序排队，不推不挤，不玩水，节约用水。

3. 用毛巾擦手，并注意将指缝擦干。

4. 知道饭前、便后、手脏时要及时、正确地洗手。

幼儿洗手情况观察

时间 项目	洗手前	洗手中	洗手后
观察要点	1.洗手物品到位情况 2.幼儿衣袖与站位	1.搓洗动作是否完成 2.水甩在水槽里 3.擦自己的毛巾，擦后把毛巾归位情况	注意地面干燥、衣袖归位情况
保教支持策略 保教人员站位1（盥洗室）	1.检查毛巾数量，毛巾摆放方便幼儿取放 2.肥皂大小、位置方便幼儿取放；防滑垫调整至适当位置 3.冬季需调节水温，避免烫伤等意外现象出现	1.借用"洗手关键步骤图示""小实验""儿歌"等方式提醒幼儿手心、手背、手指缝、手指甲、手腕、手指搓洗干净，不遗漏步骤 2.鼓励幼儿自己或同伴相互检查小手是否擦干净	引导幼儿洗好手后不在盥洗室内逗留
保教人员站位2（走廊）	引导幼儿自己或同伴协助采用合适的方式（卷、拉、提）将袖子卷起	1.引导幼儿在等待时做一些休闲小游戏 2.根据盥洗室人数，适时引导幼儿进入盥洗室	1.幼儿或同伴帮助拉袖子、整理衣物 2.引导幼儿主动进入下一环节，如饮水、集体活动等

三、自主如厕篇

常规要求

1.会用不同的如厕器具如厕，如厕后能冲洗干净。

2.大小便后会用厕纸擦干净，女孩子注意向后擦。

3.能有序如厕，学会依次等待。

4.能自觉整理衣裤，穿戴整齐。

幼儿如厕情况观察

时间 项目	如厕前	如厕中	如厕后
观察要点	1.如厕物资到位 2.留心有无如厕需求的幼儿	1.如厕器具及厕纸的正确使用 2.有序如厕	1.幼儿整理衣裤情况 2.如厕后冲水、洗手情况

续表

保教支持策略	保教人员站位1（盥洗室）	1.检查厕纸充足、便器完好 2.设置等待区，提醒幼儿站在等待线或小脚印处耐心等待	1.建议女孩采用蹲式如厕，引导其站稳后脱裤子，避免摔跤；如厕时把裤子拉高，避免碰地 2.建议男孩尽量用前门襟小便，（冬季）鼓励他们只脱掉外裤	1.提醒女孩如厕后整理完衣裤后再离开盥洗室 2.用图示、儿歌等方式提示幼儿脱系裤子的关键步骤；提醒幼儿及时冲水、洗手
	保教人员站位2（走廊）	1.引导幼儿分批进入盥洗室 2.提醒容易尿湿的幼儿及时如厕	引导等待幼儿合理安排等待时间	鼓励幼儿照镜子或互相检查，衣物穿戴整齐

四、午餐午点篇

常规要求

1. 正确使用餐具。小班使用勺子，中、大班学习使用筷子进餐，并保持衣物、桌面干净。

2. 会根据自己的饭量添饭。

3. 细嚼慢咽，不挑食，不偏食，能用正确的方式剥剔食物。

4. 餐后能清理饭菜残渣，收拾餐具。

5. 初步养成文明进餐的习惯，初步了解各种不同的进餐礼仪。

6. 做到饭后擦嘴、洗手以及漱口。会用鼓漱的方法漱口。

幼儿就餐情况观察

时间 项目	餐前	餐中	餐后
观察要点	1.幼儿洗手情况 2.幼儿进餐情绪、桌椅摆放情况	1.全面关注：进餐速度、食量和食欲、用餐习惯等 2.特殊关注：肥胖的、进餐慢的、挑食的等	1.幼儿整理餐具情况 2.幼儿漱口擦嘴情况 3.关注进餐慢的幼儿饭菜温度

续表

保教支持策略	教师	"餐前小广播"介绍午餐内容,引发幼儿进餐的愿望	1.观察进餐情况及饭菜温度,及时提供帮助 2.鼓励幼儿养成细嚼慢咽等良好的进餐习惯,培养进餐礼仪 3.指导幼儿剥剔食物的方法	1.引导幼儿收拾餐具,清理饭菜残渣 2.引导幼儿正确漱口,使用毛巾擦脸
	保育员	1.保育员穿围兜、洗手、戴口罩 2.分碗、分菜,指导值日生发筷子 3.配合教师共同引发幼儿进餐的愿望	1.盛汤、添饭,帮助有需要的幼儿进餐 2.协助教师培养幼儿咀嚼与不挑食的饮食习惯	幼儿进餐全部结束后做整理工作

五、健康饮水篇

常规要求

1.端取自己的口杯喝水,有序、独立接水,接水时眼睛看口杯,接半杯或三分之二杯水。一口口慢慢喝,不把水洒到衣服或地面上。

2.安静喝水,正确取放和使用杯子。

3.每天在园大约喝水 600ml(约5—6杯)。特殊情况时,如身体不适、运动后出汗过多、天气炎热时,适当增加喝水量,养成主动适时适量饮水的良好习惯。

幼儿饮水情况观察

项目		要求
观察要点		1.水桶里的水温和水量适宜 2.幼儿饮水遵守规则情况 3.饮水后将桌面清理干净
保教支持策略	教师	1.管理幼儿饮水情况,引导幼儿遵守饮水规则 2.邀请值日生帮忙,提醒幼儿自主饮水 3.提供小毛巾等,鼓励幼儿尝试自己将桌上的水渍擦干
	保育员	1.水桶摆放位置方便幼儿取用 2.上、下午各检查水桶的水量,并及时更新、补充 3.幼儿饮水时,在旁进行个别指导 4.及时将地面水渍擦干

六、温馨午睡篇

常规要求

1. 喜欢在幼儿园午睡,独立入睡。懂得午睡对身体有益,养成按时午睡的习惯。

2. 做好情绪、如厕、物品等方面的睡前准备。知道脱衣入睡舒服,正确穿脱、叠放衣服、鞋袜。

3. 入睡时盖好被子,避免着凉,保持安静,尽快入睡。睡醒后不打扰同伴。

4. 知道正确的睡姿有益健康,入睡时能保持睡姿正确。

5. 有便意、身体不适或发现同伴有异常情况时及时告诉教师。

6. 按时起床,不拖拉,不等待,学习整理床铺。

幼儿午睡情况观察

时间 项目	睡前	睡中	睡后
观察要点	1. 幼儿脱衣服的顺序是否正确 2. 幼儿能否自己折叠衣服	1. 幼儿是否入睡 2. 幼儿的午睡姿势是否正确 3. 晚睡幼儿未入睡的原因	1. 幼儿穿衣服的顺序 2. 幼儿整理衣服的情况 3. 幼儿尝试自己折叠被子的情况
保教支持策略	1. 用轻声而柔和的声音说话 2. 帮助幼儿脱衣服时,动作轻柔 3. 帮助幼儿盖好被子 4. 冬季时,能运用多种方式引导幼儿了解穿脱衣服的数量及顺序	1. 纠正幼儿的午睡姿势 2. 及时帮助幼儿盖被子 3. 巡视,记录每位幼儿的入睡情况,陪伴未入睡的幼儿,帮助幼儿尽快入睡 4. 每15分钟能巡视幼儿一次,有部分幼儿未入睡时不做其他的事情	1. 一边帮助需要帮助的幼儿,一边用语言提示其他幼儿 2. 和幼儿一起叠被子

七、户外运动篇

常规要求

1. 自主选择运用各种器械快乐运动,乐意参加各种肌体锻炼活动。

2. 对运动中环境的变化能做出反应,有简单的自我保护方法。
3. 能够遵守活动中的规则,爱护器械,物归原处。

幼儿户外运动情况观察

项目 \ 时间		运动前	运动中	运动后
观察要点		1. 便于运动的幼儿着装 2. 即时的天气情况 3. 运动器械安全 4. 运动场地合适	幼儿生理反应、动作发展情况、情绪变化、安全意识以及幼儿个体需求	1. 幼儿整理器械情况 2. 幼儿保管衣物等情况 3. 幼儿的生活料理
保教支持策略	教师	1. 引导幼儿自己检查服装、鞋子(鞋带)是否便于运动 2. 根据天气变化,选择适合的场地进行运动(夏天找阴凉、冬天找阳光) 3. 提醒幼儿自主饮水 4. 引导幼儿自主地进行热身准备活动 5. 成立安全服务小组,协助保育员一起检查活动准备	1. 关注幼儿面色、出汗、心跳等生理反应 2. 引导幼儿根据自身情况及时调节内容和运动量 3. 引导幼儿正确使用体育器材,并探索与创造器械的多种玩法 4. 培养幼儿勇于尝试、挑战自己的意志品质 5. 增强幼儿自我保护能力,引导幼儿了解一些简单的自我保护方法	1. 引导幼儿进行放松活动,以便恢复身体机能和消除身体疲劳 2. 引导幼儿成立服务小队,帮助保育员整理体育器械 3. 提醒幼儿适量饮水、如厕、擦汗 4. 引导幼儿将脱下的衣服拿回教室并折叠好放入小橱中
	保育员	1. 运动前与教师沟通摆放器械的具体要求,根据要求选择合适场地,合理摆放运动器械 2. 检查运动材料是否清洁、安全,如滑梯上面有无积水和落叶、树枝等 3. 准备擦汗毛巾、放衣篮等	1. 看面色,抚摸幼儿的头、颈、背,观察幼儿的活动量及运动强度,提醒有需要的幼儿休息或调整运动量,及时开展安全教育 2. 观察幼儿的活动量,提醒幼儿增减衣物 3. 特别关注体弱儿,及时为幼儿垫上毛巾	1. 整理运动器具 2. 引导幼儿用热毛巾擦脸 3. 提醒幼儿先抹去身上的汗再穿衣服

八、集体活动篇

常规要求

1. 积极参与集体活动,大胆探索、勤于思考,踊跃发言、乐于表现。
2. 仔细倾听老师、同伴的讲话,能完整表达自己的感受和想法。
3. 会独立保管、整理自己的学习用具。

幼儿集体活动情况观察

时间 项目		活动前	活动中	活动后
观察要点		1. 教具摆放便于每个幼儿观看 2. 桌椅摆放避免同伴干扰 3. 操作材料便于幼儿自由拿取	1. 幼儿参与度 2. 幼儿行为养成状态 3. 需特别关注的幼儿状况	1. 物品归位情况 2. 幼儿生活料理情况
保教支持策略	教师	1. 能引发幼儿学习思考的相应教具准备 2. 适宜的教学场地布置、教师站位以及教具的呈现形式准备 3. 操作材料的数量多于幼儿人数,考虑幼儿自己拿取方便 4. 稳定幼儿情绪,使幼儿顺利进入学习状态 5. 和保育员沟通,确保保育员了解桌椅、教具、操作材料的摆放要求以及整个活动的要求	1. 关注每一个幼儿的学习情况,对不同能力的幼儿有不同要求,并给予幼儿充足的思考创造时空 2. 根据问题难易程度选择不同能力的幼儿回答,做到面向全体 3. 引导幼儿根据需求自己进行生活料理 4. 关注需要全日观察的幼儿,了解其学习情况,鼓励他们完成活动要求	1. 告诉保育员物品摆放的正确位置 2. 邀请部分幼儿和保育员共同进行物品整理 3. 带领幼儿离开活动场地进行休息和自由活动
	保育员	1. 根据教师的要求摆放教具和桌椅 2. 关注教室内光线,避免阳光直射,又要保证光线充足,及时开灯 3. 材料摆放考虑幼儿能看得清,拿得到 4. 保持室内空气新鲜,地面整洁 5. 了解活动计划及要求	1. 配合教师开展教学活动 2. 提醒个别需要上厕所的幼儿不影响同伴 3. 活动中如出现材料打翻或幼儿衣物弄脏时,及时清理 4. 当幼儿遇到困难时,先鼓励幼儿自己尝试解决,不急于帮忙	和幼儿一起整理学具、清理学习场地

九、开心游戏篇

常规要求

1. 能与同伴商量,共同决定游戏内容并选择合适材料。
2. 当发生困难和矛盾时,能用适当的方法解决。
3. 尝试自己设计、选择适宜材料,布置游戏环境,做力所能及的事。
4. 游戏结束,能将玩具、材料归类摆放整齐。

幼儿游戏活动情况观察

项目	时间	活动前	活动中	活动后
观察要点		1. 场地的大小和安全 2. 材料数量和种类	1. 内容和场地的匹配度 2. 幼儿遇到困难和问题时的解决方法 3. 幼儿行为是否安全 4. 幼儿使用各种工具情况	物品归位情况
保教支持策略	教师	1. 根据幼儿的当前需求,及时调整、补充游戏材料 2. 提供一些半成品的环保材料,保证幼儿使用安全 3. 根据游戏内容及时调整游戏场地	1. 与幼儿商量,共同决定游戏内容、建构游戏场地 2. 当幼儿遇困难时,引导幼儿讨论,寻找解决方法 3. 当幼儿违反游戏规则或做出过激行为时,了解原因,分析引导,提出合理建议 4. 鼓励幼儿积极交往	1. 关注幼儿整理意识与能力 2. 参与摆放、整理玩具
	保育员	检查游戏材料的准备,注意摆放是否合适、安全	1. 如有需要,可以以游戏者身份参与一组幼儿的游戏 2. 观察幼儿不安全行为,并加以制止	1. 将大件物品摆放归位 2. 指导幼儿整理玩具

附件三

幼儿园一日活动质量观察参考表

环节 \ 表现	基本要求	良好	优秀
晨间接待与服务 — 幼儿来园接待	大部分幼儿能与教师进行亲切问候（面带微笑，声音令人愉悦）。	身体、情绪状态不佳的幼儿也能礼貌地与教师、同伴互相问候；大部分幼儿来园后能很快参与到晨间活动中。	每位幼儿都能与教师进行亲切、个别化的问候（如说一些悄悄话等），幼儿自由选择和参与晨间活动，能得到所需的协助，活动丰富、有创造性。
	关注重点：1.教师热情主动地招呼家长和孩子，微笑问好。2.观察孩子情绪，检查孩子仪表和衣着，观察其身体状况，主动向家长询问幼儿身体状况，并做好幼儿吃药登记。3.耐心倾听家长嘱托，必要时和家长进行简短交流，了解幼儿在家表现，并将幼儿在园情况反馈给家长。4.提醒幼儿向父母道别。		
晨间接待与服务 — 幼儿来园自我整理与劳动	大部分幼儿能在提醒下放置物品，洗手、喝水等。	大部分幼儿来园后能够根据班级约定主动或在老师提醒下洗手、喝水，主动做一些力所能及的事情，如班级物品整理、桌面清洁、自然角的养护工作等。	幼儿来园后都能主动参与班级劳动与自我服务工作，工作认真细致，较好与伙伴协商、合作，整个班级氛围融洽与温馨。
	关注重点：1.培养幼儿主动与老师和同伴打招呼的习惯。2.引导并培养幼儿做好基本的来园约定。3.培养幼儿主动劳动的意识及劳动的能力。4.活动室光线适宜、温度适合，能带给人温馨舒适的感觉。		

附件三 幼儿园一日活动质量观察参考表

续表

环节 表现		基本要求	良好	优秀
晨间接待与早操	晨间运动	幼儿有不少于三样的活动器材可选择。	幼儿有充足的运动时间自由与材料进行互动（不少于30分钟），活动结束后幼儿能对器材进行有序整理。	幼儿的运动能得到教师适宜的支持和帮助，进行多形式或更具挑战性和创造性的运动。用好后幼儿能根据标识把器材放回原处，并注意摆放的美观有序。
		关注重点：1.教师需提供有准备的器械（有预设目标，提供的器械有多种组合）且允许幼儿自由选择器械。2.通过参与和引导引发幼儿游戏形式多样化，引导幼儿将不同的器材搭配起来活动。3.大部器材幼儿自己搬运取放。4.不规定和限制幼儿的饮水和如厕，能保证幼儿基本的生理需求。5.在户外运动和早操两个活动间应有不少于5分钟的休整时间，可以让幼儿的身体得到适当的放松，为接下来的早操活动做好准备。		
	早操	大部分幼儿能在教师的带领下精神饱满，合拍做操。	幼儿参与积极性较高，列队较为整齐，动作较为合拍到位，情绪精神有力量。	幼儿参与积极性高，情绪好、精神饱满，动作整齐协调合拍有力量。
		关注重点：1.幼儿有否参与早操活动。2.大部分幼儿能否做到动作协调、合拍。3.教师通过语言和自身感染力提醒幼儿有精神地做动作。讲解清楚动作要领，幼儿的动作具有美感和力量。4.能根据幼儿做操的实际情况通过照片、视频等策略引导幼儿明确该如何早操，怎样的表现才是对自己的身体成长有帮助的。通过表扬、提醒等让幼儿能投入地参与早操活动。		
	晨间谈话	幼儿能较集中注意力，参与谈话主题，并表达自己的想法。	幼儿参与的积极性较高，表达较为清晰，语言较为流畅，教师对时间的把控较好。	幼儿能专注地参与谈话，积极分享生动有趣有价值的话题，讨论热烈，语言表达连贯，讲述清晰，有较强表现力。
		关注重点：1.谈话内容选择应以幼儿近期关注的话题、主题中的内容或晨间外出活动遇到的问题作为切入，围绕1-2个点展开讨论与交流。2.交流过程中教师应该把话语权交给幼儿，并且关注幼儿在语言表达方面的能力发展，引导幼儿说清楚事情、讲别人能听懂的话，注意提升、纠正和梳理幼儿的语言。3.关注班级幼儿倾听习惯的养成，提醒幼儿耐心、安静听伙伴的表述，注意交流中的文明举止。4.教师应该注意自己语言的规范和简练。（根据当天半日活动的需要适时开展即可，如在餐前或早操后等）		

续表

环节\表现		基本要求	良好	优秀
区域游戏与分享	区域游戏	大部分幼儿能主动或在教师的提醒和引导下选择区域进行自由游戏，能较好地根据班级所提供图示和标识，做相应的选择记录或进区记录。	大部分幼儿游戏时能较为专注地做手头的工作，能与伙伴进行较为友好的互动。	大部分幼儿有较强的自主游戏能力，游戏水平较高：如利用手中的益智和科探材料进行较认真的创造和探究，遇到困难不放弃，愿意反复探究，或能主动向别人寻求帮助；表演区中幼儿能进行装扮，并能利用好身边的乐器或教师提供的相应音乐支持进行较具审美的肢体表演；美工区能利用材料进行较有审美表现的创作；角色区中幼儿能较好利用原有的生活经验进行模仿，同伴间能积极友好地互动，有语言的交流。
		关注重点：1.区域设置，根据活动要求和场地空间，一般不少于3-5个，其中角色区不少于1-2个，有不少于10种的游戏材料提供，其中与主题相匹配的材料不少于2种。2.美工区有不少于5种的纸张、不少于10种的材料供幼儿创作使用，其中与主题相匹配的材料不少于3种，有不少于3种的幼儿作品呈现形式。3.图书区中有不少于5种的图书主题，包括童话、民间故事、自然、科技、社会生活、多元文化、历史、艺术、人物等。4.建构区中有不少于3种的主要建构材料，不少于5种的配件，其中与主题相匹配的配件不少于2种，有不少于2种形式的经验拓展材料，以丰富幼儿的建构经验。5.班级中有不少于10种的材料供幼儿活动，不包括桌面插塑、幼儿园配发的益智类材料，这些材料的总量要保证班级幼儿人手有一种。其中跟主题相匹配的相关材料不少于3种。每个区域的材料以低结构和半成品为主，材料丰富多样，能支持幼儿的游戏，尽可能提供。			
	区域分享与交流	只停留在小结状态的分享与交流。	能围绕1至2个话题进行分享交流，幼儿能较清楚地向伙伴介绍和分享自己的心情、想法和成果，大部分幼儿能较为认真和专注地倾听伙伴的想法。	能围绕1至2个核心话题进行分享交流，幼儿的表达清晰、连贯，师幼间有较好互动，分享对接下来的游戏有推动，如在规则方面，在幼儿经验与能力方面。

续表

环节	表现	基本要求	良好	优秀
区域游戏与分享	区域分享与交流	关注重点：1.把握好区域分享的核心价值：幼儿在游戏中各领域能力和学习品质的培养。2.区域分享：抓住一个亮点、抓住一个好经验、抓住一个问题。3.在一个时间点的分享时应该抓住1-2个问题与幼儿进行互动交流，点不能太多。4.借助照片、视频、幼儿的作品等生动形象的载体来引导和支持幼儿。5.能关注幼儿在讲述过程中语言能力的发展，小班应该引导幼儿讲清自己和谁在一起、玩了什么以及自己的心情；中班应该引导幼儿能够清晰、有条理地讲述；大班不仅应引导幼儿用清晰完整的语言讲述，且可以引导幼儿讲述并评议别人的事情、行为和作品。在幼儿讲述表达的过程中教师要尽可能耐心倾听，并梳理幼儿语言、丰富和规范幼儿词汇；引导全体幼儿学会尊重别人，静心倾听，也可引导幼儿评价伙伴的讲述。		
自由游戏	游戏时间	幼儿一天中有自由游戏时间（总量不足），有游戏选择（种类不足）。	幼儿一天中自由游戏时间总长略有不足，同时有多种游戏选择（至少5种以上）。	幼儿一天中有足够的时间进行自由游戏活动；至少有一次机会可以进行连续45分钟以上的自由游戏；同时有多种游戏选择（至少5种以上）。
	游戏指导	保教人员对幼儿游戏的指导方式基本适宜。	保教人员通过多种适宜的方式，对幼儿的游戏给予指导和支持，促进幼儿多方面的发展。	游戏过程中，保教人员与幼儿有较多个别化的积极互动（与多人次进行个别化互动，或者与特定幼儿进行持续的深度个别化互动）；通过适宜的方式为有需要的幼儿提供个别化的有效帮助与支持；鼓励独立性、创造性与合作性。三位保教人员分工合理明确，能有效进行指导。
	游戏观察评价	保教人员有时会观察幼儿在游戏中的行为表现。	保教人员注重观察、研究和评价幼儿表现。	保教人员运用多种适宜的工具，观察、研究和评价幼儿表现。三位保教人员分工合理明确，能有重点地进行观察。

续表

环节 \ 表现		基本要求	良好	优秀
集体学习活动	内容选择	教学内容与幼儿生活经验有一定关联，部分幼儿表现出浓厚的兴趣并持续参与。	教学内容丰富，与幼儿的生活经验关系密切，大部分幼儿表现出浓厚的兴趣并持续参与。	教学主题与内容源于幼儿的生活，以解决真实问题为导向，激发幼儿强烈的兴趣与探究欲望。
	目标定位与表述	目标要求基本合理，对于大部分幼儿而言是有学习和发展意义的。	对大部分幼儿而言，目标定位适宜，具有适度的发展性和挑战性。	教学目标具有多个层次和不同程度的挑战性，不同需求和发展水平的幼儿都能在其中找到适宜的活动和学习任务。
	过程的设计	教学过程设计基本合理，前后环节之间有一定的逻辑关联。	教学过程设计合理，符合幼儿身心发展和认知规律，循序渐进，环环相扣。	教学过程设计构思巧妙，有利于教学目标的实现，促进不同幼儿主动探索、个别化或创造性地学习。
	准备与材料运用	有必要的教学准备（如供展示用的图片，可供幼儿使用的操作材料）。	有充分的准备（包括教学内容、幼儿经验基础和材料），能够较好满足教学的需要，有效支持幼儿的学习。	考虑到教学过程中的各种可能性和情境性因素的变化，有针对性地制订备选方案，有效支持幼儿的主动学习，并有一定深度学习。
	教师语言	教师语言基本规范。	教师语言规范，表达清晰，生动形象，有利于幼儿的理解和接受。	教师语言规范，表达清晰，生动形象，有利于幼儿的理解和接受，营造良好的语言环境。
	意外事件	处理基本得当。	处理得当，教学能够很快从意外事件中恢复。	教师处理及时适宜，甚至巧妙地转化成为教育的契机。
	情绪、情感氛围	基本适宜，师幼之间的冲突和同伴间的恶意攻击行为较少发生。	氛围平静愉悦和令人满意，没有发生消极事件。	师幼间、幼幼间关系亲密，积极交流，表现出民主、尊重和关爱。
	敏感性	教师具有一定的敏感性，对部分幼儿的言语和行为做出回应。	教师敏感回应大部分幼儿的需求和问题。	教师亲密关注幼儿的行为并做出适当反应，注意安抚个别幼儿的情绪。

附件三　幼儿园一日活动质量观察参考表

续表

环节	表现	基本要求	良好	优秀
生活活动	如厕护理	时间安排符合幼儿的年龄特点和需求，根据幼儿的年龄和能力，提供必要的安全监护、指导和帮助。	如厕时间安排和组织方式合理，有效避免秩序混乱和消极等待。幼儿个别的如厕需求得到应允，能以温和友好的态度帮助幼儿解决大小便问题。	鼓励幼儿的独立性和良好的卫生习惯，在护理过程中注意保护幼儿的自尊和隐私。
		关注重点：1.能满足如厕的基本需求，有厕纸且放在幼儿随手拿得到的地方。2.小班幼儿能否学会有序等待，中、大班幼儿能否学会调节自己的行为，以回避场地的拥挤。3.幼儿的需求能在不影响他人的前提下自己解决。4.对于特殊的幼儿是否能去关注其如厕情况，并给予帮助。		
	洗手护理	在需要洗手的时候，保教人员和大部分幼儿能够洗手（可以是在保教人员的提醒下）。	保教人员通过多种方式培养幼儿自觉洗手的习惯和掌握正确洗手的方法。大部分幼儿能正确洗手（能使用洗手液或肥皂按七步洗手法进行）。	在便后、餐前、弄脏后、回教室等情况下，保教人员和幼儿均能自觉洗手，方法正确（能使用洗手液或肥皂按七步洗手法进行）。
		关注重点：1.集中洗手时间，能分批让幼儿洗手。2.通过过渡环节组织让暂时没有轮到或洗完的幼儿有事可干。3.保教人员应在一定时间在卫生间门口了解幼儿洗手的情况。4.及时采取拍视频、照片、谈话等方式引导幼儿了解洗手的重要性和洗手的正确方法。5.引导幼儿洗手时尽量让台面保持整洁，能主动搞台面的清洁卫生，有责任意识。		
	饮水护理	要喝水时（在适宜的情境下），大部分（60%以上）幼儿主动或在提醒下拿自己的杯子去喝水，饮水量基本适宜（很少出现过量饮水或饮水不足现象）。	要喝水时（在适宜的情境下），大部分（60%以上）幼儿主动拿自己的杯子去喝水（没有1例错拿），饮水量基本适宜（很少出现过量饮水或饮水不足现象）。	需要喝水时（在适宜的情境下），大部分（80%以上）幼儿主动拿自己的杯子去喝水，饮水量适宜，并能够通过适宜的方式进行记录。
		关注重点：1.为确保让幼儿养成定时定量喝水的好习惯，保教人员应该把握好晨间来园环节及户外晨间运动后、早操结束、午睡起床等饮水环节的教育引导，让幼儿在这些时间点首先养成自觉、保量的饮水习惯。2.保育老师要确保幼儿有温度适宜的水喝。3.教师可采取措施让幼儿明白水对身体成长的重要性，养成幼儿主动自觉的饮水习惯。		

续表

环节 \ 表现	基本要求	良好	优秀
生活活动 — 点心	能在提醒下洗手，有序拿取点心，懂得吃后擦嘴。	靠右侧走；中、大班幼儿能自主取点心和水果，小班幼儿能在保教人员的提醒和帮助下吃点心。	用点心时气氛温馨融洽，轻声交流，时间较为从容，用点心后小班幼儿能将杯子和餐具放在指定地点，中、大班幼儿能帮助保育老师做力所能及的事，大部分幼儿用好点心后能安静活动，听到信号后能快速、有序并安静地回位。
	关注重点：1.三位保教人员分工协作，保育老师负责在厕所门口与点心摆放处检查并提醒幼儿洗手和自主取点心，主班老师负责关注并提醒幼儿依次进洗手间与取放点心、进餐，配班老师负责关注后面幼儿的整理、个别幼儿的特殊需求等。2.保育老师负责关注和提醒小班幼儿点心用完后按要求把餐具放入容器中，中、大班孩子能帮助保育老师做力所能及的事。3.提醒幼儿吃点心时轻声交谈，注意用餐卫生。4.中、大班幼儿点心结束后能养成主动擦桌面、收拾器具的习惯。5.部分幼儿用餐结束后主班老师可与他们进行一些交谈，配班老师负责提醒和帮助吃得慢和有需要的幼儿。		
进餐组织与环境	时间安排合理，不在进餐前批评和惩罚孩子，进餐期间没有紧张压抑的气氛。	注意安排好进餐前后的过渡环节（避免拥挤和消极等待，有适宜的餐前餐后活动），进餐氛围宽松愉悦。	餐点时间和组织照顾到幼儿的个体差异和需要（如让吃得较慢的幼儿先吃，为先吃完的幼儿安排适宜的活动），进餐期间氛围宽松愉悦。
进餐护理	进餐护理基本恰当（鼓励幼儿独立进餐，为年龄小的幼儿提供必要的帮助，不强迫幼儿吃饭，提醒幼儿在口中有食物的情况下不说话）。	进餐护理细心适宜（及时为有需要的幼儿增添饭菜，提醒或指导幼儿餐后漱口，耐心等待吃饭慢的幼儿等），通过积极的方式引导幼儿养成良好的饮食习惯和文明的进餐方式。	根据幼儿的年龄和个体特点进行护理，注意培养幼儿的独立能力，鼓励幼儿通过力所能及的方式参与进餐环节的服务和整理工作，帮助幼儿养成与年龄相适应的良好用餐习惯。
过渡环节	过渡环节较为有序。	过渡环节自然，幼儿生活有序，个别化需求得到满足。	过渡环节自然有序，幼儿在自行解决个别化需求的时候能处理好与伙伴以及集体活动的关系。
班级氛围与文化	幼儿较清楚一日活动各环节和流程，能有序地生活和活动。	一日活动安排合理，班级幼儿生活和活动有序，班级氛围好。	幼幼、师幼间相处融洽，进行生活和各类学习及游戏活动时能做到张弛有度，有序有礼有节。